DANKE!

CPI
Mehr Bäume. Weniger CO_2.
www.cpi-print.de/umwelt

FSC
www.fsc.org
MIX
Papier aus verantwortungsvollen Quellen
FSC® C083411

Omar Khir Alanam:
Danke!

www.edition-a.at

Redaktion und Lektorat: Thomas Schrems
Cover: JaeHee Lee
Gestaltung: Lucas Reisigl

Gesetzt in der Premiera
Gedruckt in Deutschland

3 4 5 6 — 23 22 21 20

ISBN 978-3-99001-268-0

Omar Khir Alanam

Danke!

Wie Österreich meine Heimat wurde

edition a

Sieben

Jeder Mensch hat so seine Zahlen. Zahlen, denen er lieber aus dem Weg geht. Und Zahlen, die er liebt. *Seine* Zahlen.

Vielleicht liebt ein Mensch ja nur eine einzige Zahl. Weil sie von besonderer Bedeutung für ihn ist. Weil sie für einen bestimmten Tag steht. Einen Ort. Einen Freund. Eine Freundin. Für den Beginn einer Telefonnummer. Oder für den Beginn einer Liebe.

Zahlen, habe ich gelernt, sind wie Menschen. Jede einzelne hat eine starke Persönlichkeit. Einen eigenen Charakter. Manchmal jedoch sind Menschen nichts als Zahlen. Bedeutungslos. Beliebig. Nackt. Auch das habe ich gelernt. Schon viel früher. In meiner alten Heimat Syrien.

Meine Zahl ist die Sieben.

Die Sieben hat für mich eine dunkle, sehr dunkle Seite. Bis heute Abend. Zahlen, werde ich heute Abend lernen, sind bunt. Nicht nur schwarz. Oder weiß. Meistens jedoch schwarz. Nein. Sie haben, werde ich lernen, auf jeden Fall auch eine zweite Seite. Wie Münzen. Eine schlechte Seite und eine gute. Aber können Münzen überhaupt gute und schlechte Seiten haben? Alena wird mir später beibringen, dass ich es symbolisch betrachten muss. Weil man in diesem Land und in diesem Fall und in dieser Sprache auch nicht die *zwei Seiten einer Münze* sagt, sondern:

Die Kehrseite der Medaille.

Doch das weiß ich in dem Augenblick noch nicht, als ich die Bühne betrete. Ich weiß nur, dass meine Beine wackeln. Und dass es eine Bühne in Graz ist, meiner neuen Heimat. Auf den Tag genau vor zwei Jahren bin ich nach Österreich gekommen. Heute Morgen noch habe ich daran gedacht. Als Ruth und Alena mich angetrieben, mir in diesen Tag geholfen haben. In diesen ganz besonderen Tag.

Zufall? Schicksal? So vieles ist seitdem geschehen. Das alles schwirrt in mir umher. Gedanken schießen mir durch den Kopf. Sie prallen ab und fliegen weiter. Prallen wieder ab. Fliegen wieder weiter. Außer Kontrolle. Wie Gewehrkugeln. Nein. Die gehören nicht hierher. Es sind doch bloß Gedanken. Aber ich kann sie nicht ordnen. Nicht jetzt. Nicht hier auf der Bühne. Vor mir liegt das Dunkel, und ich weiß nur:

Ich bin die Sieben.

Und ich spüre, als ich stehenbleibe, mich zur Seite drehe, dass ich plötzlich nichts mehr spüre. Dass ich meine Beine nicht mehr spüre. Sie sind taub. Genau wie damals, als ich zum ersten Mal die Sieben war und die Angst meinen Körper beherrscht hat.

Ich stehe jetzt auf der Bühne. Endlich. Aufrecht. Und doch klein. Gebückt. Ich halte einen Text in den Händen. Meinen Text. Sind Texte wie dieser nicht verboten? Meine Finger zittern vor Angst. Aber es ist eine andere Angst. Und wenn ich in das Dunkel vor mir blicke, sehe ich, dass es auch ein anderes Dunkel ist. Ein Dunkel voller Menschen, die es verdienen, Mensch genannt zu werden. Sie sind nicht gekommen, um mich zu erniedrigen. Sie nicht.

Ja, es ist ein Dunkel, das in Wirklichkeit nur aus Licht besteht. Licht, das sich in einem Scheinwerfer sammelt und mir nun ins Gesicht strahlt. Es ist stark. Es blendet. Geitzend, nennt man das, werde ich lernen. Nein. Gleißend. Wieder ein neues Wort. Worte sauge ich auf. Wie ein ausgetrockneter Schwamm jeden einzelnen Tropfen Wasser. Oder das Bilsenkraut oder ein Kapernstrauch oder ein Feigenbaum in der syrischen Wüste. Dabei kenne ich die Wüste kaum. Viel weniger als die meisten hier glauben würden. Manche hier kennen die Wüste vermutlich besser als ich.

Ich bin die Sieben.

Aber nicht die alte Sieben. Eine neue, die nicht länger schwarz ist. Ich bin die bunte Nummer sieben von neun. Ich stehe auf der Bühne. Und ich bin auf seltsame Weise ganz bei mir. Wie unter einer Hülle. Zugleich bin ich aber auch ganz weit weg von mir. Und dann höre ich, wie ich zu lesen beginne:

Ich bin. Ich komme aus.

Wer bist du?, fragte sie mich.

Wer ich bin? Ich bin Flüchtling. Asylwerber. Refugee.

Ja, aber wie heißt du?

Flüchtling.

Ja, aber wie heißt du?

Flüchtling.

Woher kommst du?

Ich komme aus Syrien.

Bitte?

Syrien.

Wo?

SYRIEN! Wo Israel ist, weißt du, ja? Und wo der IS ist, weißt du, ja? Dort.

Aha.

Das Dunkel, das ich als die schwarze Sieben aus Syrien kenne, ist totenstill. Oder es brüllt dir den nahen Tod entgegen. Begleitet von Fußtritten. Schlägen.

Dem Knacken des Abzugs einer geladenen Waffe. Dem leisen Kratzen, wenn dir der Lauf dieser Waffe durchs Haar fährt.

Dieses Dunkel hier als Nummer sieben von neun, gleich vor der Bühne, ist nicht still. Immer wieder fliegen Geräusche auf mich zu. Ich kenne sie. Wie wenn jemand es eilig hat. Wie wenn dieser Jemand möchte, dass etwas schnell geschieht. Dieses ungeduldige Schnippen mit den Fingern.

Aber es ist ein anderes Schnippen. Und auch nicht nur eines. Viele Finger. Dutzende. Sie schnippen zur selben Zeit. Und ich begreife, dass es ein Zeichen ist. Weil es bedeutet, dass nicht nur ich sehr angespannt bin. Die Menschen dort unten sind es auch. Sie sind dicht an mir. Dicht an den Worten, die ich mit meinem harten arabischen Akzent zu ihnen hinabspreche. Weil sie darauf konzentriert sind, diesen Worten genau zu folgen und jedes einzelne zu erfassen. Weil diese Worte nicht an ihnen abprallen. Weil sie in sie dringen. Weil die Menschen dort unten zulassen, dass sie sie berühren. Und das Schnippen ist ein äußerer Ausdruck dafür. Und dazwischen eine Stille, dass du einen Nagel fallen hörst. In Österreich, habe ich auch gelernt, sagt man: Nadel.

Bei meinen Vorgängern, Nummern eins bis sechs, haben sie auch geschnippt. Manchmal. Sehr oft aber auch zwischendurch gelacht. Und geklatscht. Bei mir, dem Einzigen, dessen Muttersprache nicht Deutsch ist, wird immer nur geschnippt.

Schnipp! Schnipp!! Schnipp!!! Schnipp!!!!

Manchmal habe ich das Gefühl, der Saal vibriert, weil sie so schnippen. Sie schnippen immer nur, weil das, was über meine Lippen kommt, was ich zu sagen habe, auch nicht lustig ist. Aber ankommt. Weil ich eine Sprache habe, und weil sie in die Herzen dringt. Darum schnippen alle diese Finger.

Klatschen. Lachen. Schnippen. Alles mittendrin. Und auch ein lautes Johlen, wenn die Menschen, die man Wertungsrichter nennt, wie ich jetzt weiß, und die kurz vor Beginn der Lesung wahllos aus dem Publikum bestimmt werden, nicht die Tafeln mit den Zahlen hochhalten, die das übrige Publikum gerne hätte. Fünf Menschen mit Tafeln. Die höchste Zahl und die niedrigste werden gestrichen. Die Übrigen zusammengezählt. Wie beim Skispringen werde ich später einmal erfahren, und ich werde auf große, ungläubige Augen stoßen, weil ich sage:

»Was ist Skispringen?«

Klatschen. Lachen. Schnippen. Johlen. Die Gesetze eines Poetry-Slams. Sie lerne ich heute Abend kennen.

»Was ist das, *Poetry-Slam*?«, habe ich Ruth gefragt, nachdem sie mir eine Zeitschrift, die sie in der Hand gehalten hatte, hingelegt und gesagt hatte: »Omar, lies das!«

Das war vor genau einer Woche.

Ich habe die Falten auf meiner Stirn gespürt. Dann habe ich gelesen, doch ich habe nicht verstanden. Nicht wirklich. Nur, dass es um einen Workshop geht. Um einen Workshop mit Sprache. Einen Workshop für *Poetry-Slam*. Mit anschließendem Auftritt.

»Möchtest du Kaffee?«, hat Ruth kurz vorher gefragt.

Und noch bevor ich habe antworten können, hat Alena gefragt: »Hast du deine Zähne geputzt?« Sie hat mich streng angesehen. Dann hat sie gelacht.

»Hast du dein Gesicht gewaschen?«, habe ich gesagt und Alena streng angesehen. Dann habe auch ich gelacht. Und mir gedacht, dass ich nach mehr als einem Jahr bei Ruth und Alena noch immer nicht verinnerlicht habe, wie das hier mit dem Zähneputzen läuft. Und dass Alena mir immer vorbetet, dass die Menschen hier sich öfter als einmal am Tag die Zähne putzen. Vor dem Essen. Nach dem Essen. In der Früh. Zu Mittag. Am Abend. Und dass ich mir mehr als einmal am Tag gedacht habe: Wenn ich sie zehnmal am Tag putzen muss, dann integriere ich mich lieber nicht.

Und dann war das mit der Zeitschrift, und Ruth hat gesagt: »Poetry-Slam. Na ja, also, das ist so eine Art Literatur. So was Ähnliches halt. Du willst doch Schriftsteller sein, oder?«

Schriftsteller, habe ich gedacht, ist ein sehr großes Wort. Schriftsteller sein? Erstmal einer werden. Aber Workshop und Sprache? Das klingt gut. Das klingt nach: Deutsch lernen. Klingt nach: Lernen, wie man in einer fremden Sprache einen Text aufbaut. Also habe ich genickt und dankbar gelächelt.

Ich bin der, den die Araber belächeln. Wegen meiner Haare.
Gleichzeitig der, den die Österreicher bewundern. Wegen meiner Haare.
Deshalb hatte ich die Idee, meine halben Haare zu schneiden und die anderen zu lassen. Dann sind alle zufrieden.
Ich bin der, den eine Mitschülerin auf einem Fest fragte: Bist du Muslim?

Ja, sagte ich.

Aber bist du praktizierend?

Entschuldigung ... was ist praktizierend?

Bist du gläubig? Betest du? Ich glaube nicht, oder? Weil du schaust sehr lieb aus.

Ah ja, dachte ich.

Vielleicht bin ich lieb, weil ich drei Gebete statt fünf am Tag bete. Ich muss also immer nur drei beten. Passt!

Vor mir das Dunkel, in das ich hinein lese. Und während ich lese, merke ich, dass meine Gedanken auch anderswo sind. Sie hängen nicht mehr nur an den Zeilen. Sie sind beim Morgen, an dem der Workshop stattfand.

Heute Morgen.

Es ist früh. Noch vor dem Frühstück. Ich gehe in den Garten, um den Rasen zu mähen. Und ein paar andere Dinge zu erledigen, die Ruth mir aufgetragen hat. Ich rauche eine Zigarette, überlege, was ich schreiben soll. Weil ich es immer noch nicht weiß. Auch nach einer Woche nachdenken nicht. Aber: Etwas von hier soll es sein. Über das hier.

Was, das hier?

Über Österreich. Ja. Was ich erlebe. Die frühen Urteile, die mir begegnet sind. Es heißt: Vorurteile. Und über die Menschen ohne frühe Urteile. Über die häufigsten Fragen, die man mir stellt. Über diese eine Frage, weil die Menschen sie stellen müssen. So, wie ich aussehe. So, wie ich spreche. Die Frage der Fragen:

Woher kommst du?

Ich lese, blicke ab und zu hoch, blicke ins dunkle Nichts und sehe, wie ich ins Haus laufe. Ins Schlafzimmer. Dort auf und ab gehe. Rastlos, habe ich gelernt, heißt dieses Wort. Und ich sehe, wie ich mich dusche, weil ich mir denke: Vielleicht kann ich das Arabisch abwaschen? Nicht für immer. Nur für jetzt. Damit ich besser denken kann. Damit das bisschen Deutsch in mir besser raus kann. Es ist noch eine so zarte Pflanze.

»Alena!«, rufe ich durchs Haus. »Ich weiß es.«

»Was weißt du?«

»Was ich schreibe. Für den Workshop heute.«

»Ach ja?«

»Ich bin. Ich komme.«

»Okaaaaay?«

Mehr weiß ich nicht. Noch nicht. Also frühstücken wir. Seit ich hier wohne, essen wir meistens nur syrisch. Das Fleisch im Kühlschrank ist sehr oft halal, und im Schrank stehen mehr orientalische Gewürze als sonstige. Meine Mutter hätte Schweinefleisch im Kühlschrank niemals erlaubt. Aber Ruth ist nicht meine Mutter. Ruth ist so etwas wie meine Schwiegermutter. Doch sie ist alles andere als eine Schwiegermutter. Das zu unterscheiden habe ich auch gelernt.

Österreichische Kuchen liebe ich. Und Kernöl. Auf keinem Salat darf es fehlen. Aber sonst liebe ich die syrische Küche über alles. Alena liebt sie auch. Ruth mag die syrische Küche ebenso, doch jetzt, während sie die gekochten Eier aufschneidet und über den Salat streut, sagt sie: »Eigentlich sollten wir heute gesund essen.«

Wenn Ruth gesund sagt, meint sie im Scherz: alles, nur nicht syrisch.

Woher kommst du?
Aus Syrien.
Aha. Und habt ihr Kühlschränke in Syrien?
Was ist ein Kühlschrank?
Na, ihr Armen. Und … habt ihr viele Kamele?
Ich selbst habe noch keines gesehen.

Aber … wenn ein Mann heiraten will … muss er dann nicht mindestens siebzig Kamele für die Frau geben? Oder?
Ja. Aber ich hatte nur einen Hasen.

Ich stehe auf der Bühne, lese und sehe, wie wir immer noch am Tisch sitzen. Heute Morgen. Die Teller sind leergegessen. Was wir gegessen haben, war nur fast gesund.

»Na, Omar. Wie läuft es?«

»Was meinst du, Ruth?«

»Mit deinem Text? Für den Workshop.« Ihre Sprache ist immer so erstaunlich ruhig. Und doch voller Kraft. Wie ein mächtiger Fluss in der Ferne.

Verlegen sehe ich sie an. »Ich habe die Idee«, sage ich. »Aber nicht die Worte.«

Gleich nach dem Essen setze ich mich an den Schreibtisch. Ich weiß, ich habe nicht mehr viel Zeit. Aber ich weiß, welche Geschichte ich schreiben will. Jetzt brauche ich nur noch die Worte. Die deutschen Worte.

Um zwölf Uhr: keine Worte.

Um dreizehn Uhr: keine Worte.

Ich springe auf, stelle mich vor den Kasten. »Alena, was soll ich anziehen?!«

Alena, denke ich, wird jetzt sagen: das blaue Hemd mit den Punkten, den blauen Pullover und die braune Hose mit den blauen Schuhen. Oder doch das schwarze Hemd mit der grauen Hose? Und Ruth wird auf jeden Fall das Gegenteil sagen. Dann werden beide sagen, ich solle nicht auf die andere hören. Und lachen.

Jetzt ist es nur noch eine halbe Stunde, bis ich losmuss. Und mit dem Druck kommen auf einmal auch die Worte. Deutsche Worte. Sie sprudeln nur so. Ich sprudle. Ich bin alles andere als ein Fluss in der Ferne.

Kennst du mich nicht?

Ich bin Flüchtling. Ich bin sehr berühmt.

Liest du Zeitungen? Alle paar Tage komme ich in die Zeitung: Ein Flüchtling hat etwas gestohlen. Ein Flüchtling ist in ein Geschäft eingebrochen. Ein Flüchtling …

Ich bin der, den jeder Politiker kennt. Jeder Politiker kennt meinen Namen. Hast du noch nie einen Politiker sprechen hören? Ich bin in seiner Rede die Einleitung, der Hauptteil und der Schluss.

Schnipp! Schnipp!! Schnipp!!! Schnipp!!!!

Ich stehe auf der Bühne, spüre meine Beine wieder, blicke ins Dunkel. Nur in der ersten Reihe kann ich

Gesichter erkennen. Ich sehe ein Funkeln. Ich spüre, wie die Worte aus meinem Herzen über die Zunge hinaus in die Welt fließen. Die Worte fliehen, wie auch ich geflohen bin. Sie suchen nach einer Heimat. Und die Herzen in diesem Raum sperren ihre Türen auf. Sie lassen meine Worte hinein. Sie erlauben, dass sie ankommen. Sie finden jetzt eine Heimat. Die Heimat meiner Worte ist die Empathie in den Herzen. Und dieses Funkeln, das ich sehe, sind Tränen im Gesicht einer jungen Frau, die ganz vorne sitzt.

Und dann denke ich an Alena.

Ich bin Muslim. Der 70 Frauen hat. So hat es mir mein Nachbar in Österreich erzählt. Und ich dachte: Boah, ich muss noch nach 69 Frauen suchen!

Alena hat mir den Text ausgedruckt, während ich in die Schuhe gesprungen bin. Bestimmt werde ich den Bus versäumen, oder? Termine einzuhalten ist für mich wie Zähneputzen. Ein langer Prozess des Lernens. Doch ich will mich integrieren. Natürlich will ich das. Bloß, Syrien kennt keine Termine. Nicht auf diese Art. In Damaskus geschieht das Meiste spontan. Würde ich mit meiner Großmutter einen Termin für einen Besuch zum Essen im nächsten Monat oder auch nur in einer Woche ausmachen, sie würde mich beschimpfen, wäre beleidigt.

»Spinnst du, Omar?«, würde sie rufen. »Du kommst, wenn du Hunger hast. Wenn du da bist, bist du da.« Dann wird gegessen, was gerade da ist.

Aber hier läuft das anders. Das habe ich gelernt. Nein, das lerne ich jeden Tag immer noch. Weil pünktlich und pünktlich nicht dasselbe ist. Weil es in Österreich Menschen gibt, die es sehr schätzen, wenn du fünf Minuten vor der Zeit anklopfst. Oder fünf Minuten vor der Tür stehst und dann zur richtigen Zeit anklopfst. Und andere, wie ein Wiener Schriftsteller, bei dem ich eingeladen war, der mich geschimpft hat, weil ich erst eine Viertelstunde gewartet und dann um fünf Minuten zu früh geklopft habe.

»Warum bist du jetzt schon da?!«, hat er gesagt. Und dann, als ich mich bereits umdrehen und wieder gehen wollte: »Egal, wenn du schon da bist. Aber noch lieber wäre mir, wenn du zehn Minuten zu spät kommst. Oder gleich eine Viertelstunde.«

Aber zu einem Workshop, das weiß ich fix, sollte man nicht zu spät kommen. Lernen wie man einen Text auf Deutsch aufbaut. Was für eine schöne Aussicht! Ich tue es für mich. Für mein Leben hier. Seit langem schon will ich auch auf Deutsch schreiben. Mit der Psychologin, zu der ich ging, als ich noch im Flüchtlingsheim war, habe ich auch darüber gesprochen. Sie meinte, ich würde das schaffen. Ganz bestimmt. Wenn ich nur fest daran glaube. Wenn ich nur hart genug an mir arbeite.

Omar, der Schriftsteller?

Spät wie immer laufe ich zum Bus. Später, schon in Graz, lese ich meinen Text in der Straßenbahn. Wieder und wieder lese ich ihn. Endlich stehe ich vor der Tür zum Workshop. Nervös rauche ich eine Zigarette. Eine zweite.

Soll ich überhaupt hineingehen?

Bestimmt sind da viele Leute. Bestimmt werden sie mich nicht ... werden sie mich mögen? Werde ich willkommen sein?

Zu meiner Überraschung bin ich nicht nur nicht zu spät. Ich bin sogar etwas zu früh. Also habe ich noch Zeit, setze mich auf eine Bank und rauche noch eine Zigarette. Ich denke zurück. Ans Schreiben. An mein erstes Mal. Daran, dass es mir immer schon so leichtgefallen ist. Auf Arabisch. Daran, dass es zuhause für mich als Kind kein Buch zum Lesen gegeben hat. Außer dem Koran. Und den Schulbüchern, die ich hatte.

Und ich denke an diesen einen Lehrer im letzten Jahr in der Schule. Er hat an mich geglaubt. Dieser eine sehr engagierte, sehr mutige Lehrer. Weil er versucht hat, Literaturveranstaltungen zu organisieren. Weil er in mir etwas erkannt hat, das ich selbst nicht gekannt habe. Weil er mich als einzigen seiner Schüler mitgenommen hat. Zu meiner ersten Lesung, ins »Al Assad-Literaturzentrum«.

Ich hatte keine Erwartungen. Ich hatte auch keine Begeisterung dafür. Ich ging einfach nur mit, weil ich mir Vorteile erhoffte, wenn ich den Lehrer zum Freund hatte. Ich war damals 16 und wusste nicht, dass es syrische Philosophen und Schriftsteller gibt, die seit vielen Jahren hier in Europa leben und auch bekannt oder sogar berühmt sind. Männer wie Yassin al-Haj Saleh oder der Dichter Faradsch Birqadar, die beide mehr als zehn Jahre im Gefängnis saßen, bevor ihnen die Flucht gelang. Sie existierten damals nicht in Syrien. Nicht offiziell. Auch inoffiziell nicht so richtig. Und sie existieren auch heute nicht. Kaum jemand kennt sie. Rafik Schami? Nie gehört. In seinem Exil Deutschland ist er berühmt. Auch das habe ich hier gelernt. Sie sind große Leute. Und ich bin klein.

Omar, der Schriftsteller also?

Literatur ist in Syrien, was der Staat sagt, habe ich früh gelernt. Und nicht, was aus dem Herzen kommt. Jedes Wort, jede Zeile wird zensuriert. Literat ist, wer Assad und dem Regime gefällt.

Doch dann begann die Lesung, zu der mich mein Lehrer mitgenommen hatte. Und plötzlich war mein Kopf von allem anderen geleert. Da waren nur noch diese Worte. Dieser Text. Diese Poesie. Ein Mann, dessen Namen ich nicht mehr weiß, trug ein Gedicht vor. Er erzählte von einem Kuss. Und meine Wangen wurden glühend rot. Und die Wangen der beiden Frauen, die neben mir saßen, wurden glühend rot.

Bis zu diesem Tag dachte ich nicht, dass ich jemals ein Gedicht schreiben würde. Oder einen anderen Text. Nach diesem Tag dachte ich, dass ich nicht mehr leben könnte, ohne ein Gedicht zu schreiben. Oder einen anderen Text.

Gleich am nächsten Tag schrieb ich meinen ersten Text. Englischunterricht. Langeweile pur. Und ich schrieb über ein Mädchen, das ich noch gar nicht getroffen hatte. Es existierte nur in meiner Fantasie. Und trotzdem begann ich leise zu weinen, als ich mir vorstellte, es würde mich verlassen. Dann spürte ich den Atem des Lehrers hinter mir, wie er mich anbrüllte:

»Was machst du?!«

»Ich schreibe«, sagte ich zitternd.

Er lachte höhnisch. »Bist du jetzt auf einmal ein Poet?«

Und die Freunde aus meiner Klasse lachten mit. Ohne zu wissen warum.

Bist du jetzt auf einmal ein Poet?

Und heute, hier in Graz, soll ich einer sein? Ein Workshop? Mit einem Auftritt? Auf einer richtigen Bühne? Nein, denke ich. Bestimmt ist der Auftritt für andere gedacht. Aber der Workshop? Ja, das schon. Gerne. Aber was ich schreibe, denke ich auf Arabisch. Und wenn ich es ins Deutsche übersetze, ergibt es meist keinen Sinn.

Überhaupt bei einem Gedicht.

Ich drücke die Zigarette aus und gehe ins Haus. Die Sekretärin zeigt mir den Weg, lächelt freundlich. Dann betrete ich den Raum, und was ich als Erstes sehe, ist ein blondes Mädchen. Stark geschminkt. Sie ist ganz in Schwarz gekleidet, nur ihr Sakko ist grau. Neben ihr sitzt ein Mann. Kariertes Hemd. Langes Haar. Jogginghose. Mario, wie ich gleich erfahren werde, der Leiter des Workshops. Sie unterhalten sich.

»Hallo«, sage ich zu Mario. »Ich bin Omar. Ich komme aus Syrien. Ja. Ich bin Flüchtling. Ich lebe seit zwei Jahren in Österreich.«

Ich bin der, der seinen Reisepass versteckt.
Nein, nicht den Reisepass. Den Konventionsreisepass.
Und ich bin der, der sich freut, wenn die Leute glauben, dass er Italiener oder Spanier ist. Irgendwas außer Syrer. Araber. Flüchtling.

Dann beginnt das blonde Mädchen zu performen. Sie braucht kein Blatt Papier. Sie kann ihren Text auswendig. Und sie gestikuliert, gibt jedem wichtigen Wort mit dem Körper einen wichtigen Ausdruck.

Ich merke, wie ich kleiner werde. Noch kleiner, als ich bin. Omar, du bist hier fehl am Platz. Du kannst deinen Text nicht auswendig. Du hast keine einzige Geste vorbereitet.

Mario reißt mich aus meinen Gedanken. »Hast du einen Text mit, Omar?«

Ich zögere. »Ja«, sage ich schließlich. Meine Stimme zittert. »Aber ich muss ihn ablesen. Ich habe ihn erst heute Nachmittag geschrieben.«

Und dann lese ich. Höre selbst die vielen Aussprachefehler, die ich mache. Aber ich kann sie nicht verhindern. Sie kleben an mir wie der Schweiß an einem sehr heißen Sommertag. Ich erzähle von einem Flüchtling, der nicht ich bin. Und der doch auch ich bin. Den der Mann beim AMS fragt, was er studiert hat.

Medizin.
Aber ich habe nicht fertig studiert.
Ja, und was willst du machen?
Etwas in meinem Bereich.
Ja, aber was willst du arbeiten?
Was meinen Sie?
Auf der Baustelle oder putzen?

Als ich fertig bin, klatschen alle. Auch Mario. Später kommt er zu mir, nimmt mich am Arm, damit wir eine rauchen gehen, und draußen sagt er: »Omar, ich möchte, dass du heute Abend liest.«

»Ich? Heute Abend?«

»Ja, beim Poetry-Slam. Im Schloss St. Martin.«

Ich bin überwältigt. Ich schnappe nach Luft. Und jetzt stehe ich hier. Auf der Bühne. Mit kribbelnden Beinen. Auf einer echten Bühne mit einem echten

Mikrofon. Und ich weiß, dass es in Syrien eine Bühne und ein Mikrofon nicht einfach so gibt. Nicht ohne Prüfung und Erlaubnis durch den Geheimdienst.

Und ich weiß, dass vor ein paar Minuten erst eine Stimme meinen Namen in ein Mikrofon gerufen und mich auf diese Bühne geholt hat. Ohne Prüfung und Erlaubnis.

»Nummer sieben ist seit zwei Jahren in Österreich und heute das erste Mal bei einem Poetry-Slam. Großen Applaus für Oooooomar!«

Omar mit sieben O. Für die Nummer sieben von neun. Ich weiß, ich bin wieder die Sieben, trotzdem darf ich meinen Namen verwenden. Ich darf die Worte verwenden, die ich in Syrien erstmals so gehört und die ich zu meinen Worten gemacht habe. Frei-heit. Frei-heit. Frie-den. Frie-den. Und ich habe gelernt, dass ich hier ohne Geheimdienst sein darf. Ohne Überwachung. Dass man mir so viel gibt, und dass ich zurückgeben will. Dass hier Heimat ist. Wo ich ohne Überwachung denke. Ohne Überwachung schreibe. Ohne Überwachung lese.

Ich bin das Volk, das vor fünf Jahren eine Volksrevolution gemacht hat.
Ich bin die Menschen, die auf der Straße friedlich demonstrierten. Obgleich sie wuss-

ten, dass es sein kann, dass sie jederzeit ermordet werden.
Ich komme aus Syrien. Diesem Land, auf dessen Straßen viele Fotos von einem Diktator hängen.
Und ich bin das Volk, das die Fotos zerstört.
Ich bin die Menschen, die im Gefängnis in Syrien ohne einen Namen ermordet werden.
Weil sie Freiheit wollten.
Ich bin ihre Namen.

Schnipp! Schnipp!! Schnipp!!! Schnipp!!!!

Ich stehe auf der Bühne, lese immer noch, blicke ins dunkle Nichts. Und ich sehe Alena und Ruth. Vorhin. Sehe, wie sie ins Schloss St. Martin gekommen sind, um an meiner Seite zu sein. Wie sie sich schöngemacht haben. Die hübschen Kleider, die sie tragen. Ihr Lächeln, in dem ihr ganzer Stolz steht. Und ich denke: Ich liebe euch. Alle beide.

Ich blicke auf den Text, die Buchstaben tanzen wie mein Herz. Doch dann stehen sie still. Und für einen Moment ist es, als würde auch die Zeit stillstehen. Sie tut es für mich. Sie hält den Atem an. Damit ich diesen Augenblick nehmen kann. Die Zeit schenkt mir diesen Moment der Pause, um alles zu genießen. Sie schenkt mir das Gefühl, endlich wieder eine Stimme zu haben. Anders als die Hunderten, Tausenden Menschen in meiner alten Heimat, die *Frie-den, Frieden, Frei-heit, Frei-heit* gerufen haben und deren Stimme für immer genommen wurde.

Dann läuft die Zeit weiter, und auch ich lese weiter. Ich erzähle von 23 Millionen Menschen mit vielen verschiedenen Religionen. Von der Freiheit, die schon lange keine mehr ist.

Schnipp! Schnipp!! Schnipp!!! Schnipp!!!!

Von den zigtausenden Syrern, die in den Jahren spurlos verschwunden sind. Bestimmt hunderttausend. Oder mehr. Niemand weiß es genau. Und ich denke: Omar, auch du bist einmal verschwunden gewesen. Aber nur für eine Nacht. Und du weißt bis heute nicht, warum du wieder aufgetaucht bist. Warum sie es zugelassen haben.

Und plötzlich, ohne es zu merken, bin ich am Ende angelangt. Ich zittere schon lange nicht mehr. Und die Beine sind auch wieder ein fester Teil von mir. Ich stehe da, nicht gebückt und auch nicht klein.

Ich bin Omar Khir Alanam. Ich komme aus Syrien. Aus Damaskus. Und ich bin verliebt. Kennt ihr die Jasmin-Blume?

Kein Schnippen. Jetzt nur noch Applaus. Tosender Applaus. Licht geht an. Und ich sehe die lächelnden Phantome meiner verstorbenen Freunde. Sehe das kaputte Schlauchboot, das mich übers Meer getragen hat. Schmecke das Salz in meinem Mund, das jetzt süß schmeckt. Wie die Kuchen hier. Und ich vergesse Militär und Polizei und Richter. Und mit ihnen die Härte und Kälte und Bestechung, die ich erlebt habe. Auf meinem langen, fast zwei Jahre dauernden Irrweg hierher.

Ich blicke mich um. Sehe jetzt die vielen Gesichter. Ich habe eine Stimme, und meine Seele tanzt im Rhythmus des Klatschens. *Frie-den, Frie-den, Frei-heit, Frei-heit.* Und ich sehe die vielen Tafeln, die in die Höhe gehalten werden. Bis zu zehn können es sein. Zwei zählen nicht. Wie beim Skispringen.

Und dann höre ich eine Stimme an meinem Ohr. »Bist du bereit für die zweite Runde?«

»Zweite Runde?«

»Ja«, sagt Mario. »Du bist unter den besten drei.«

Ich verstehe nicht, doch ich lerne, dass *Poetry-Slam* auch so etwas wie Wettkampf bedeutet. Obwohl ich nicht kämpfen will. Genau darum bin ich doch fort.

»Hast du noch einen anderen Text?«

Tatsächlich habe ich einen. Zufällig. Diesen einen anderen Text, den ich bei mir trage wie einen Schutzschild. Den ich vor einem Jahr in der Stadtpfarrkirche Graz anlässlich der Langen Nacht der Kirchen vorlesen durfte.

Heimatlos.

Ein Text, der von den Straßen in Damaskus erzählt. Den Straßen, wo ich so viele Gedichte geschrieben habe. Wo unsere christlichen Nachbarn im Ramadan für uns gekocht haben. Und wo überall die riesigen Bilder des Diktators hängen. Ich erzähle von den Schlägen, die mir mein Vater auf die Hand gegeben hat, weil ich als Bub von sieben Jahren zu ihm gesagt habe: »Ich will auch auf so großen Plakaten sein.«

Heimatlos. Der Text, der auch von meinem Großvater erzählt. Dass er gesagt hat: Baue in jeder Stadt, in der du auf deinem Weg vorbeikommst, ein Haus.

Schnipp! Schnipp!! Schnipp!!! Schnipp!!!!

Und wieder der tosende Applaus. Und wieder die Tafeln wie beim Skispringen. Und dann umarme ich Menschen. Werde umarmt. Und in diesem Augenblick, als ich es nicht glauben kann, als ich gar nicht weiß, was ich glauben kann, weil ich gewonnen habe, bleibt mir nur noch die Luft weg. Ich habe gewonnen, obwohl die anderen Texte besser waren. Sie waren natürlich besser geschrieben. Aber ich habe eine Geschichte. Ruth hat das zu mir gesagt, und ich habe es ihr geglaubt.

Dabei wollte ich doch gar nicht *gewinnen*. Weil gewinnen kämpfen ist. Ich wollte nur eine Stimme. Und jetzt habe ich keine Ahnung, was kommt. Natürlich nicht. Keine Ahnung, dass ich bald schon in Wien lesen werde. Dass ich mit mehr als dreißig anderen vortragen werde. Die besten Texte aus allen Bundesländern werden es sein.

Und ich werde nicht länger die Sieben sein. 600 Fingerpaare werden schnippen und schnippen. Und wieder werde ich sehr weit oben stehen. Dritter Platz. Und das Fernsehen wird kommen, mich besuchen. 150.000 Menschen werden den Beitrag über mich sehen. Ich werde auf Facebook überflutet werden. Sogar von einem Burschenschafter, mit dem ich einige Zeit in gutem Kontakt stehe. Ein offener Austausch über viele Themen. Natürlich auch die Flüchtlinge. Er geht seinen Weg. Ich meinen. Ohne ein einziges böses Wort. Das und vieles andere mehr werde ich erleben.

Aber das weiß ich da noch nicht.

Was ich weiß, hier in Graz, was ich gelernt und auch schon in *Heimatlos* geschrieben habe, sind auch diese Worte eines Schriftstellers: *Wenn du ei-*

nen Flüchtling liebst, versuche das letzte Zelt für ihn zu sein. Das ist Heimat. Und ich weiß, dass ich eine Frau gefunden habe, die für mich das letzte Gedicht war. Ist. Die mir Heimat ist. Und ich weiß: Ich bin angekommen. Ich darf eine Stimme haben für die Tausenden, die keine mehr haben.

Ich habe gewonnen, ohne kämpfen zu müssen. In ihrem Namen. Ich lächle für sie in meiner neuen Heimat. Und ich will dieser neuen Heimat geben, was sie mir gegeben hat. Was sie mir an jedem neuen Tag gibt.

Ich will diese Heimat beschützen.

Warum? Darum

Warum habe ich, Omar Khir Alanam, Sohn syrischer Eltern, aufgewachsen in einem Vorort von Damaskus, nach etwas mehr als drei Jahren hier in Österreich beschlossen, dieses Buch zu schreiben? In einer Sprache, die nicht meine war, die aber langsam meine geworden ist?

Heimat, habe ich in einem Lexikon gelesen, ist vor allem einmal ein Ort. Einer, mit dem ein Mensch sich verbunden fühlt. Eine Landschaft, wo Stämme, Völker, Nationen eine Einheit erleben. Und dann stehen da auch so Worte wie: Charakter, Identität, Weltauffassung. Ich denke eine Zeitlang darüber nach. Und weiter unten lese ich noch: Geist, Kultur und Sprache sind auch Heimat. Heimat ist, wo jeder Mensch bleiben möchte. Heimat ist, was kein Mensch gerne und ohne Grund verlässt.

Heimat, habe ich nach meiner Flucht aus Syrien gelernt, ist aber nicht immer das, wo man einfach nur sein kann. Sein darf. Weil es selbstverständlich ist. Heimat ist auch, wo man erst hinkommen muss. Oft unter vielen Gefahren und Mühen.

Heimat ist nichts, was du einfach mit Stacheldraht abgrenzen kannst. Und Heimat ist auch keine Mauer, über die du nach draußen steigen kannst oder eben nicht. Oder darfst. Oder musst. Heimat ist, wo man einander begegnet. Wo man einander schätzt.

Heimat ist eine Möglichkeit, die du erhältst. Eine Möglichkeit, die du gibst. Und eine Möglichkeit, die du verweigerst. Die man dir verweigert.

Schutz von Heimat ist nicht etwas, das Türen verschließt, sondern Türen öffnet. Heimat ist aber auch, wenn du lächelst und die Hand ausstreckst und die andere Hand sich zurückzieht. Denn natürlich habe ich auch Negatives erlebt. Würde ich etwas anderes behaupten, wäre ich ein Lügner. Aber dieses Negative hat in Österreich keine Mehrheit.

Kultur, habe ich im selben Lexikon gelesen, ist etwas, das fast überall drinsteckt. Oder sollte. Im Körper. Im Geist. Im Verhalten. In der Kreativität. Im Boden eines Ackers. Ganz egal. Kultur ist Kraft. Zwei verschiedene Kulturen sind zwei verschiedene Kräfte. Wir können sie verwenden, um einander damit zu beschimpfen. Auszugrenzen. Zu hassen. Zu beschießen. Und zu töten. Oder wir können sie zu einer gemeinsamen Kraft bündeln. Wie einen Lichtstrahl, der aus vielen dünnen zu einem dicken wird und auf einen kleinen Mann auf einer Bühne fällt, der seine Beine nicht spürt.

Bei den Stimmen ist es nicht anders. Viele kleine können auch eine einzige, große sein. So wie meine Stimme, die ich hier, in Österreich, erhalten habe. Sie allein ist noch keine große Stimme, aber sie ist ein Teil davon.

Die Angst vor dem Fremden, habe ich auch hier gelernt, gibt es in jedem Land. Nicht nur in Syrien, wo man früher einmal die Iraker gefürchtet hat. Oder im Libanon, wo man sich jetzt vor den Syrern fürchtet, weil so viele im Land sind. Die Weltgeschichte ist voll von Beispielen. Die Menschen müssen diese Angst vor dem Unbekannten verstehen, aber sie müssen sie nicht fördern.

Ich habe in diesen drei Jahren so viele Herzen getroffen, die im selben Rhythmus schlagen wie meines. Oder in einem gänzlich anderen, der mein Herz aber nicht auslöschen will, sondern zusieht, wie es springt und sich darüber freut. Ich habe hier viele Freunde gefunden. Sie alle sind mir eine Heimat.

Darum erzähle ich meine Geschichte.

Darum, auch darum, habe ich ganz oft geduscht und das Arabisch fortgewaschen. Nicht für immer. Aber damit ich die richtigen Worte finde. Die richtigen deutschen Worte. Sie werden von Tag zu Tag mehr, die zarte Pflanze von Tag zu Tag kräftiger.

Darum habe ich dieses Buch geschrieben. Weil die vielen Buchstaben und Worte für dieses eine Wort stehen, das ich diesem Land und seinen Menschen sagen möchte:

DANKE

Der Tod der Seele

Es war ein Freitagmorgen im Mai 2011. Wochenende. Ich nahm zwei Teller, ging auf die Straße und zu einem nahen Geschäft, brachte Hummus und Fete nachhause, also Kichererbsen, Jogurt, dazu Khubz, das typische dünne, syrische Fladenbrot, das aussieht wie ein Frisbee, über das ein Auto gefahren ist. Dazu etwas Oliven und Jubna (Käse). Danach deckte ich den Tisch, rief meine Eltern und Geschwister.

Nach dem Frühstück der übliche Männerstau vor der Dusche. Jeder musste sauber sein und wollte auch gut riechen für die Moschee.

»Ich gehe mit einem Freund«, sagte ich zu meinem Vater, »aber wir gehen in eine andere Moschee als du.«

Das war gelogen, denn in Wahrheit trafen wir uns in einem Internetcafé. Facebook war bis vor kurzem in Syrien verboten gewesen. Doch inzwischen waren wir halbe Profis. Und wir wussten, dass es gefährlich war, den eigenen Namen zu verwenden.

Nach etwa einer Stunde im Netz hörte ich plötzlich Schreie. Draußen auf der Straße. Der Besitzer des Cafés lief sofort nach draußen. Bestimmt wieder zwei Männer, die in Streit geraten sind, dachte ich. Das war in Syrien nichts Ungewöhnliches. Und fast immer hatte es zur Folge, dass alle aus ihren Geschäften, aus ihren Wohnungen liefen und sich sehr rasch eine Traube von Menschen rund um die Streithähne bildete. Ein spontanes Straßentheater. Jeder wollte sehen, wie es ausging. Jeder wollte in der ersten Reihe stehen.

Doch diesmal war es anders. Es waren keine zwei oder drei Männer, die um irgendetwas stritten. Es war eine Menschenmenge, die schrie. An die 200 waren es. »Syrien ist Freiheit! Syrien ist nicht al-Assad!«, brüllten sie.

Ich lief hinaus, war schockiert. Und dann kamen sie in ihren Wagen angerast. Hunderte Militärs und Polizisten und Leute vom Geheimdienst und der Schabiha, den Milizen, die der Cousin von Präsident Baschar al-Assad führt. Sie waren gefürchtet wegen ihrer Gnadenlosigkeit. Bestimmt kamen am Ende weit mehr als tausend. Oder zweitausend. Eine riesige Übermacht.

Nach ein paar Minuten waren die Stimmen für die Freiheit verstummt. Nicht eine ist ihnen entkommen. Sie wurden geschlagen, getreten, verhaftet und verschleppt.

Ich zitterte am ganzen Körper, hatte auf dem Heimweg immer dieses eine Bild vor mir: der stark misshandelte Kopf eines älteren Mannes, seine wenigen weißen Haare. Alles blutrot. Er lag nur ein paar Meter von mir entfernt.

Als ich zuhause ankam, saß mein Vater vor dem Fernseher. Zu sehen waren genau diese Bilder. Und eine Ministerin sagte: »Die Menschen haben sich versammelt, um gemeinsam zu beten, damit endlich Regen kommt.«

Ich war fassungslos. Auch, weil mein Vater mit dem Fernseher sprach und der Ministerin zustimmte. Ich lief in mein Zimmer, begann ein Gedicht zu schreiben. Ist das eine Heimat? Ich musste schreiben, und zugleich spürte ich, dass es keinen Sinn hatte zu schreiben. Schreiben, wusste ich, war nicht frei. Zwar hatte ich davon gehört, dass es Länder geben soll, wo nicht die Regierung bestimmt, was in den Büchern steht, doch ich dachte nicht, dass schreiben so frei sein könnte, wie ich es später erleben würde. Hier in Österreich.

In Damaskus selbst gab es gar keine Demonstrationen wie diese (nur Kundgebungen für die Regierung, die natürlich gesteuert waren). Die Angst vor den Leuten Assads war viel zu groß. Sie konnten an jeder

Ecke stehen. Man wusste es nicht. Darum wählten die Menschen solche Vororte der Hauptstadt wie unseren. Dort traf man sich. Dort kannte man sich. Dort wusstest du, wo du dich rasch verstecken konntest. Wem du vertrauen konntest. Doch diesmal waren Assads Leute viel zu schnell gewesen. Und viel zu viele. Auch hatte die Regierung begonnen, die Buslinien hinaus in die Umgebung von Damaskus einzustellen. So konnten die Menschen gar nicht erst hinaus aus der Stadt, um zu demonstrieren. Oder nicht mehr zurück. Vor allem an den Freitagen wurde der Verkehr unterbrochen, wenn die Menschen sich zum Gebet trafen, wenn viele Menschen auf den Straßen unterwegs waren und es so relativ einfach sein konnte, in der Menge unterzutauchen.

Bei einer dieser Demonstrationen war es auch, dass ich meine Worte erstmals hörte. *Frie-den. Frie-den. Frei-heit. Frei-heit.* Die Menschen sangen sie in einer ganz bestimmten Melodie und tanzten dazu. Und ich konnte nicht anders. Ich sang und tanzte mit ihnen. Ich hatte mich gefunden, denn ich wusste auf einmal, dass Revolution nur bedeuten konnte und musste, den Frieden zu suchen. Ohne jede Gewalt. Dass unsere Stimmen unsere Waffen sein mussten. Und unsere Smartphones, durch die wir von der Welt da draußen erfuhren. Und die Welt da draußen von uns.

Dann kamen Assads Flugzeuge und der Himmel wurde finster. Und mit den Flugzeugen kamen die Bomben. Immer mehr Häuser rundherum wurden zerstört. Genau dort, wo wir lebten, vermutete die Regierung besonders viele Aufständische. Sie begann auch, das Gebiet mit ihren Truppen zu umstellen.

Irgendwann konnten meine Eltern nicht mehr. Die täglichen Angriffe. Die täglichen Toten in der Nachbarschaft. Die täglichen Attentate, hinter denen wir oft auch Assads Männer vermuteten. Die tägliche Angst, dass einer von uns nicht mehr heimkehren würde. Darum wollten sie weg. Alle. Vater, Mutter, meine Geschwister. Nur ich beschloss zu bleiben und weiterhin friedlich zu demonstrieren, und ich sehe heute noch meine Schwester vor mir, als sie bitterlich weinte und immer nur rief: »Yalla, Omar! Yalla!! Yalla!!!«

Dieser Ruf, den viele vom Urlaub in arabischen Ländern bestimmt kennen. Zum Beispiel von den geführten Kameltouren, wenn der Treiber sein Tier antreibt, das einen Touristen auf dem Rücken sitzen hat und keinen Schritt tun will. Oder gar nicht erst aufstehen.

»Yalla! Yalla!«

Hopp auf! Beeil dich!

Yalla heißt aber auch: Verschwinde!

Ich selbst hatte ja nie ein Kamel. Trotzdem war ich stur wie eines und blieb. Ich versteckte mich bei Freunden in einer leerstehenden Holzfabrik. Dort kochten wir über dem Lagerfeuer Eier, tranken Chai und sangen Lieder des Widerstands. Wir wollten es tun wie Rias Mata, dieser junge Mann aus Damaskus, der den Soldaten Assads weiße Blumen schenkte und mit den Menschen für den Frieden sang. Zum Dank für die Blumen wurde er verhaftet, gefoltert, und seine Leiche irgendwann seiner Familie vor die Haustür gelegt. Mit durchschnittener Kehle.

Genau diese Bilder tauchen immer wieder in mir auf, wenn ich gefragt werde, warum ich Syrien verlassen habe. Aber sie machen nur einen kleinen Teil des Films aus. Zu ihm gehören auch die Bilder meiner Kindheit. Als wir in der Schule saßen und jeden Tag aus voller Kehle schreien mussten:

»Al-Assad ist ewig!«

Und als dieser Ewige eines Tages doch starb, hasste ich ihn dafür. Ich war damals neun. Ich hasste ihn, weil vierzig Tage Trauer ausgerufen worden waren und im Fernsehen nichts als Trauersendungen und

Dokumentationen zu sehen waren über den Ewigen, der keiner war. Und ich deshalb meine Zeichentrickserie nicht schauen konnte. Und dann, als sein Sohn Präsident wurde, liebten wir Kinder den neuen Ewigen. Wir hatten eine Woche schulfrei. Wir wussten nicht, dass er mit 99 Prozent aller Stimmen gewählt worden war, obwohl es gar keine Wahl gab. Wir wussten nicht, dass er erst 36 Jahre alt war und 40 hätte sein müssen, um Präsident zu werden. Und wir wussten auch nicht, dass es in Syrien nur eine halbe Stunde dauerte, die Verfassung zu ändern.

Wir wussten nur: Präsidenten sind immer Ewige. Auch wenn sie sterben.

Zwei Wochen lang telefonierte ich täglich mit meiner Mutter. Dazu musste ich auf das Dach eines halb zerstörten Hauses steigen. Nur dort hatte ich Empfang. Nur dort konnte ich auch mit der jungen Frau telefonieren, in die ich damals verliebt war. Meine Mutter jedoch weinte am Telefon die ganze Zeit, konnte kaum noch sprechen.

Inzwischen waren schon mehrere Monate vergangen. Es war nicht ungefährlich, heimlich nach Damaskus zu kommen. Dennoch war ich seit ein paar Tagen in der Stadt und hatte mich mit meiner Mutter verabredet. Die Sehnsucht nach meiner Familie war einfach zu groß. Also trafen wir uns bei meinem Onkel, doch ich musste nochmal kurz weg, um einen Freund zu treffen. Als ich wiederkam, war das Haus umstellt von Militär und Polizei. Eine scharfe Stimme fragte mich, was ich hier wollte.

»Ich möchte zu meinem Onkel.«

Eine andere, weniger scharfe Stimme sagte, ich solle verschwinden. Ich drehte mich um, wollte gehen, doch die erste Stimme holte mich ein.

»Wohnt dein Onkel im zweiten Stock?«

Ich nickte automatisch, ohne es zu wollen. Sekunden später stülpten sie mir mein Hemd über den Kopf, warfen mich in einen Lieferwagen. Ich spürte sofort, dass ich auf menschlichen Körpern lag. Irgendwann in diesem Chaos aus Angst und Dunkelheit hörte ich dann eine leise, doch vertraute Stimme: die eines Cousins. Er war erst 15 Jahre alt. Dann die Stimme des Onkels, bei dem meine Mutter zu Gast war. Dann die eines zweiten Onkels.

Später sprang die Tür des Lieferwagens wieder auf, ein Gesicht mit riesigen Augen schrie uns an, dass sie uns ein paar Fragen stellen wollten. Alle diese Fragen wollten ohne Ausnahme mit »Ja« beantwortet werden. Jedes andere Wort oder jede eigene Frage zog Schläge und Tritte nach sich. Niemand wusste, wann der nächste Schlag oder Tritt kommen würde, denn sie hatten uns die Augen verbunden und die ganze Zeit gezwungen, vor ihnen zu knien.

Ich schreibe hier: die ganze Zeit. In Wirklichkeit gab es in dieser Nacht auf dem Posten des Geheimdienstes keine Zeit. Alles war ein einziges Irgendwann. Irgendwann bekam ich Schläge. Irgendwann Tritte. Irgendwann Fausthiebe. Irgendwann spürte ich einen Gewehrlauf am Kopf. Irgendwann spürte ich dafür meine Beine nicht mehr. Irgendwann hatte ich auch keinen Namen mehr. Ich war die Sieben. Irgendwann schrie jemand, er würde mich jetzt ficken. Irgendwann schrie ein anderer Jemand, ich Hurensohn würde gleich sterben. Und wieder ein anderer Jemand, man solle den elektrischen Stuhl vorbereiten. Alles, was wir sagen, schreien durften, war: »Ja!« Oder: »Al-Assad ist mein Gott! Scheiß Freiheit!«

Also schrie auch ich irgendwann: »Scheiß Freiheit! Al-Assad ist mein Gott!«

Um fünf Uhr in der Früh warfen sie mich zurück auf die Straße. Mit mir zwei andere Gefangene, die ich nicht kannte. Sie gaben uns den guten Rat, nicht einmal schlecht über sie zu denken. Denn sie könnten auch das überwachen.

Ich wusste nicht sofort, ob ich tot war oder nur meine Seele. Doch mit der Zeit erkannte ich, dass es die Seele sein musste. Meinem Onkel hatten sie in der winzigen Zelle, in die wir eingesperrt waren, zugeschrien, er solle seine Kinder vergessen. Sieben Monate lang musste er sie auch vergessen. So lange sollte er verschollen bleiben. Auch mein Cousin, der mit mir im Lieferwagen gelegen hatte, war so lange in irgendeinem Verlies des Geheimdienstes. Und ein zweiter Onkel kam überhaupt erst im Vorjahr wieder nachhause. Er war also jahrelang in den Händen der Schergen Assads. Alle dachten längst, er wäre tot, und er kehrte nicht als er selbst wieder. Er kam als völlig gebrochener Mann.

Es schien wie ein Zufall: Einen Tag vor dieser schrecklichen Nacht in Damaskus hatte ich einen Reisepass beantragt. Erstmals in meinem Leben, weil ich meine Freundin sehen wollte, die mit ihrer Familie in den Libanon geflohen war. Die meisten Syrer hatten damals so wie ich gar keinen Pass. In Syrien war es nicht üblich zu verreisen. Und so war auch meine weiteste Reise, die ich bis dahin unternommen hatte, eine fünfstündige Fahrt mit dem Auto gewesen. Innerhalb Syriens. Aber war es das wirklich? Ein Zufall?

Oder doch Schicksal?

In ein paar Tagen, wusste ich, würde ich mein Reisedokument abholen können. Die Bestätigung des Antrages hatten sie nicht bei mir gefunden. Meine Mutter hatte sie zuvor schon an sich genommen und in dem Chaos, als Geheimdienst und Polizei die Wohnung des Onkels stürmten, in ihren BH gestopft.

Als ich mich am frühen Morgen dorthin zurückschleppte, öffnete meine Mutter. Sie stand in ihrem weißen Betgewand vor mir und sagte: »Ich wusste, dass du wiederkommst.«

Ich wiederum wusste, dass ich in ein paar Monaten zum Militär musste. Die Einberufung hatte ich schon bekommen. Und ich wusste, dass ich genau das nicht konnte: auf Menschen schießen, die meine Freunde waren. Persönliche Freunde oder Freunde im Herzen, weil sie ähnlich dachten wie ich. Ich wusste, dass die Entscheidung in diesem Augenblick gefallen war.

Ich musste weg.

An-Namsa

Zwei Jahre später würde mir ein Richter in Graz bei der Anhörung für meinen Asylbescheid diese einfache Frage stellen: »Warum hat man Sie damals verhaftet?«

Es gab jedoch keine einfache Antwort. Es gab in Wirklichkeit gar keine Antwort, und ich merkte, dass er mir nicht so recht glauben wollte. »Es muss doch einen Grund geben, Herr Khir Alanam. Eine Anklage oder etwas Ähnliches.«

»In Syrien«, sagte ich, »braucht man keinen Grund.«

Doch bis ich das zu jemandem sagen konnte, der selbst etwas zu sagen hatte, der über mich entscheiden konnte und mich für meine Antwort trotzdem nicht sofort bestrafen würde, war es ein sehr weiter Weg.

An Europa hatte ich niemals gedacht. Europa war viel zu weit weg. Europa war viel zu teuer. Europa war keine Möglichkeit für eine Heimat. Weder für mich noch für meinen Freund Firas, der mich begleiten würde. Das Weiteste, was ich mir damals, Anfang 2013, vorstellen konnte, war der Libanon. Von Damaskus ans Meer nach Beirut waren es mit dem Auto etwas mehr als zwei Stunden. Und an die Staatsgrenze überhaupt nur eine Stunde. Fünfzig Kilometer. Nicht weiter.

Der Libanon also. Dort wurde dieselbe Sprache gesprochen. Dort herrschte dieselbe Kultur. Mehr oder weniger. Dort war vieles zwar fremd, aber doch vertraut. Außerdem war ich überzeugt, dass der Krieg in Syrien nicht allzu lange dauern würde.

Über die Grenze kam ich mit einem Schlepper, den mir die beste Freundin meiner Mutter organisiert hatte. Er holte mich in einem uralten Wagen ab, der im nächsten Moment auseinanderzubrechen drohte. Mein Vertrauen in diesen kleinen, ungepflegten Mann mit dem Gesicht aus Stein war alles andere als groß.

Doch schon beim ersten der vielen Checkpoints auf dem Weg zur Grenze änderte ich meine Meinung. Er hatte verschieden hohe Stapel mit Geldbündeln vor sich auf dem Armaturenbrett liegen. Jeder Stapel war für einen bestimmten Beamten an einem bestimmten Kontrollpunkt gedacht. Wir fuhren wie auf Schienen. Wie auf einer Spur für VIPs.

Bis hinein in den Libanon.

Sehr viel später, als ich längst verzweifelt war und auf die verrückte Idee kommen sollte, wieder zurück nach Syrien zu wollen, weil alles besser schien als das, was ich erlebt hatte, war es dasselbe Spiel. Wieder fuhren wir wie die VIPs oder Militärs an allen Kontrollen und lästigen Fragen und stechenden Augenpaaren vorbei. Mein Plan war, jenen hohen Offizier beim Militär zu finden, der für meine Einberufung beim Heer zuständig war. Ihn wollte ich bestechen. Ein paar Tage später hätte ich zum Militär müssen, und ich wollte weder einrücken noch als Deserteur gelten und auf einer Liste stehen, auf der man besser nicht stand. Als ich jedoch wieder in Syrien war, erkannte ich meinen Wahnsinn, fasste einen neuen Plan und fuhr zurück in den Libanon.

Wieder mit demselben Mann auf demselben Weg.

Dazwischen lagen acht lange Monate der Erniedrigung. Der arabische Name der Stadt, in die ich kam, ist Tarăblus. Hier kennt man sie als Tripoli, nicht zu verwechseln mit Libyens Hauptstadt Tripolis. Dort, in der zweitgrößten Hafenstadt des Landes am Mittelmeer, nahm mich die Familie eines Freundes auf. Doch sie waren selbst sehr viele auf sehr engem Raum. Also bekam ich den Balkon, der mit Glas eingefasst war. Etwas mehr als zwei Quadratmeter waren mein neues Zuhause. Dort erzählte ich den Fenstern von meinem Tag. Dort schrieb ich Gedichte. Auch an eine Frau, die gegenüber wohnte, die ich beim Wäscheaufhängen gesehen und in die ich mich spontan verliebt hatte. Ohne jemals mit ihr zu sprechen. Ich floh in eine fiktive Liebe. Und auf demselben Balkon weinte ich auch still, wenn die Wochen und Monate immer länger und die Minuten und Stunden immer unerträglicher wurden.

Untertags jobbte ich in einem nahen Supermarkt. Ich durfte die Waren der Libanesen in Plastiksackerln verpacken und zum Wagen tragen. Auch wenn es nur ein einzelner Liter Milch war. Manche Kunden waren sehr freundlich, gaben mir großzügig Trinkgeld, weil sie es von Herzen taten und mir helfen wollten. Andere gaben mir besonders viel Trinkgeld, weil sie mich erniedrigen wollten. Durch den Blick, den sie mir mit dem Geld schenkten. Viele Libanesen hassten uns Syrer immer noch aus jenen Tagen, als der alte Ewige mit seinen Truppen einmarschiert war, um für Ruhe zu sorgen. Und zugleich hatten viele auch vergessen, dass die Syrer Hunderttausende Libanesen während des Blitzkrieges bereitwillig aufgenommen und versorgt hatten. Andererseits waren inzwischen schon so viele Syrer in den Libanon gekommen, und die Ängste der heimischen Bevölkerung vor den Fremden waren bestimmt groß.

Wie auch immer: Eines Tages im Supermarkt erkannte ich, dass alles, was ich noch besaß, mein Stolz war. Und so begann ich, das Trinkgeld abzulehnen, obwohl ich jedes einzelne libanesische Pfund verdammt gut brauchen konnte. »Ich mache nur meinen Job«, sagte ich, »für den ich bezahlt werde.«

Dann kam die verrückte Rückkehr nach Syrien. Und gleich danach der Plan mit der Türkei. Mein Freund Firas hatte mich darauf gebracht. Weil man für die Reise vom Libanon in die Türkei damals noch kein Visum brauchte, schien es relativ einfach. Firas, ein paar andere und ich kratzten unser Geld zusammen und kauften Flugtickets nach Istanbul. Die Hoffnungen auf einen Neuanfang waren riesig, und die Wohnung dort, in der ich mit vier anderen jungen Syrern hauste, winzig.

Es war nichts Besonderes, wie es uns in der Türkei erging. Weil es zigtausenden anderen genau gleich erging. Arbeiten von früh bis spät. Von Montag bis Sonntag. Zwölf, vierzehn, manchmal auch sechzehn Stunden am Tag. Für einen Hungerlohn. Und selbst davon gab es nicht immer den vollen Betrag. Manchmal auch nur die Hälfte. Wie es dem Arbeitgeber gefiel. Sich zu beschweren, war keine Möglichkeit.

Erst arbeitete ich in einer Fabrik, wo meine Aufgabe darin bestand, an einer Maschine die Ränder frisch aufgeklebter Schuhsohlen abzuschleifen. Natürlich ohne Atemschutz, sodass ich mit Lungenproblemen in ein Krankenhaus musste. Und am nächsten Tag weiterarbeiten. Dann war es ein Restaurant. Das Prinzip war überall dasselbe: Du arbeitest fünf Wochen, bekommst aber nur drei ausbezahlt. Solltest du nicht mehr kommen, hat dein Chef zwei Wochen deiner Arbeit gewonnen.

Acht Monate vergingen so, in denen ich zuerst gehofft hatte, mir ein kleines eigenes Geschäft aufbauen zu können. Irgendetwas, wo ich meine Qualitäten einsetzen konnte. Ich war und bin ein blendender Verkäufer. Schon in Syrien, noch vor dem Krieg, hatte ich Solaranlagen verkauft und war so erfolgreich, dass mein Chef mir eine Franchise-Vereinbarung anbot. Weil er mich lieber an Bord hatte, und nicht als einen Konkurrenten. Also wollte ich auch hier, in der Türkei, etwas verkaufen. Was auch immer. Ganz egal. Ganz klein anfangen. Ganz unten. Hart arbeiten und langsam aus dem Dreck hochkommen.

Es war also nichts Besonderes, ausgebeutet zu werden und sich wertlos und unerwünscht zu fühlen. Und doch war es sehr besonders. Weil es für jeden

Einzelnen besonders ist, wenn es ihn trifft. Besonders hart. Besonders demütigend. Besonders frustrierend. Syrien rückte immer weiter weg. Geographisch. Und zeitlich. Ein Ende des Krieges war nicht in Sicht. Syrien als Heimat war unerreichbar weit entfernt und Europa plötzlich so nah. Und plötzlich, als die Verzweiflung am allergrößten war, saß ich mitten in der Nacht neben Firas in einem Schlauchboot. Ein Ticket nach Nirgendwo. Ein Ticket für etwas, wo ich nie hinwollte und wofür ich alles Geld ausgeben musste, das ich in zehn Monaten als Arbeitssklave verdient hatte. Und auch noch welches borgen musste. Meinen Eltern hatte ich natürlich erzählt, dass wir fliegen. Weil man Eltern, die selbst in Not sind und sich um ihre Kinder in Not sorgen, nichts anderes erzählen darf.

Firas und ich gingen den Weg, den Tausende auch gingen. Wir landeten auf einer kleinen griechischen Insel, wurden vom Militär verhaftet, in ein Lager gesteckt. Zwei Tage in einem kleinen Zimmer, wie in einem Käfig, ohne Essen. Dann wieder freigelassen. Erst mit dem Zug und dann zu Fuß kamen wir nach Mazedonien. An Bahngleisen entlang. Auf Schotterstraßen. Quer durch den Wald. Von dort weiter nach Serbien.

Wenig ist so einfach, wie in Serbien einen Schlepper zu finden. Und die Polizei in Serbien, habe ich rasch gelernt, unterscheidet sich von der in Syrien nicht wirklich. Wo eine Hand aufgehalten wird, fallen Geldscheine hinein. Und wo ein Beamter, der 50 Euro für ein Visum verlangen dürfte, 200 nimmt, ist auch Serbien. Und wo Flüchtlinge ihr vorletztes Geld für einen Schlepper hergeben, der sie mitten in der Nacht irgendwo aus dem Wagen wirft, zwei Tagesmärsche bei Regen oder Schnee von der Grenze entfernt, die er ihnen versprochen hat, ist auch Serbien. Und wo sie ihr allerletztes Geld ausgeben für einen, der sie in einen Kastenwagen zwängt, wo schon ein paar Dutzend andere dicht gedrängt stehen und manchmal die Passagiere auch ersticken, ist auch Serbien. Und wo die Menschen, die selbst nur sehr wenig haben, dich von der Straße weg in ihr Haus einladen, weil sie sehen, wie dreckig es dir geht, dass du am Erfrieren und am Verhungern bist, und weil sie gerne mit dir teilen, ist auch Serbien.

Vor allem das ist Serbien. Dort habe ich gelernt, dass Menschen dann am meisten bereit sind zu teilen, wenn sie selbst nicht viel zu teilen haben. Dass sie dir Wasser zur Straße bringen oder dich zum Kaffee und Frühstück einladen. Und dass es aber auch die gibt, die dir, während du notdürftig in einer Moschee übernachten darfst, das letzte bisschen im Schlaf nehmen.

Wir waren zu fünft. Fünf junge Männer, die große Angst hatten auf ihrem Weg und dabei erkennen mussten, dass sie es waren, vor denen andere Menschen ebenso große Angst hatten. Weil sie, wie wir, fünf Männer waren. Einmal fuhr ich im Kofferraum eines Wagens mit, die anderen vier vorne, und versuchte dort ein Gedicht zu schreiben. Ich stellte mir darin die vielen Fragen, die mich schon so lange quälten:

Was ist Freiheit? Warum sind wir auf dieser Welt? Was ist das Dunkel? Woher kommt die Sonne? Warum hat mein Vater keine Haare mehr auf dem Kopf? Werde ich mal so sein wie er?

Ich dachte in diesem Kofferraum auch daran, als ich das erste Mal meinen Penis ansah und mich fragte: *Was ist das?* An die erste Zigarette. An die erste Liebe. Ans erste Mal beten.

Wir durchquerten Ungarn. Und dann wurden wir, mitten in der Nacht, wieder mal aus einem Wagen geworfen und sahen nur noch die Lichter verschwinden. Wir blickten auf unsere Telefone, auf die Navis, und irgendwer schrie plötzlich auf Arabisch:

»Usturalia!«

Australien? Wie konnte das sein? Und dann, ebenso plötzlich, standen bewaffnete Männer in Uniformen vor uns. Und wir riefen immer wieder: »An-Namsa? An-Namsa?«

»Austria«, sagte einer der Polizisten, die von irgendwoher gekommen waren, und wir verstanden wieder Australien. Bis wir begriffen, dass unser An-Namsa für Österreich auf Englisch Austria heißt. Und nicht Australia.

Einer der Polizisten lachte, als er auf unsere dünnen Stoffschuhe blickte, die man in Österreich nur im Sommer trägt. Er selbst trug feste, warme Stiefel. Es war ja auch Ende November und bitterkalt. Aber es war kein böses Lachen. Mehr eines aus Verwunderung. Und aus Mitgefühl.

Fast zwei Jahre war ich jetzt unterwegs. Nun würden es nur noch siebzehn Tage sein, bis ich ankam. Erst in Salzburg, dann in Tirol in einem Flüchtlingsheim hoch oben auf einem schneebedeckten Berg. Und dann hieß das Ziel: Gratkorn. Und der Name der nächsten großen Stadt, die ich auf Google fand, lautete:

G r a z.

Etwas mehr als eine Viertelmillion Einwohner, las ich und dachte: ungefähr so viele wie die syrische Stadt Deir ez-Zor. Die Österreicher, davon war ich überzeugt, kannten Deir ez-Zor nicht. Und ich kannte Graz nicht.

Die Aussicht in der Nähe einer größeren Stadt zu sein, die ich nicht kannte, machte mich unsicher. Doch noch mehr machte sie mich und Firas glücklich: Wir wollten wieder an einem festen Ort sein. Und unter Menschen. Mit der Hoffnung auf einen Neuanfang.

In Gratkorn waren ungefähr einhundert Flüchtlinge wie wir aus allen möglichen Ländern. Unser Heim lag nahe der Autobahn, und dort gab es viel mehr, als wir uns erhofft hätten: eine Wohnküche, zwei Schlafzimmer, ein Bad und eine Toilette. Dazu Menschen, die uns nicht gleich wieder loswerden wollten. Umstände, die wir lange nicht erlebt hatten.

Natürlich würden wir hier auf Menschen treffen, die uns die immer selben Fragen stellten: »Warum hat man dich damals verhaftet?« Oder auch: »Warum hast du deine Heimat verlassen?« Und natürlich würden mit den Fragen die vielen tausenden Bilder dieser zwei Jahre erneut auftauchen und wie ein Film ablaufen.

Doch schon bald würde es auch Menschen geben, die ganz andere Fragen stellten. Und die nicht an unserer billigen Arbeitskraft interessiert waren. Denen wir nicht nur wertlos und unerwünscht erschienen. An manchen Tagen auf der Flucht hatte ich mich dem Tod viel näher gefühlt als dem Leben. Hier, in Graz, würde ich lernen, dass diese zwei Jahre lange Reise auch eine Reise zur Liebe gewesen war. Und dass eine Reise zur Liebe niemanden enttäuschen kann.

Von ein paar dieser ganz besonderen Menschen, die mir eine Heimat gegeben haben und eine Heimat geworden sind, möchte ich nun erzählen:

Lisa

Von allen diesen so besonderen und so besonders wichtigen Menschen, die mir eine Heimat geworden sind, war Lisa der erste. Ich lernte Lisa beim Chor kennen.

Das Straßenmagazin *Megaphon* hatte diesen Chor ins Leben gerufen. Ich wusste, ich hatte eine miserable Stimme. Völlig ungeeignet zum schönen Singen. Aber ein Chor war geeignet, um neue Menschen kennenzulernen. Eine ideale Gelegenheit, um Kontakte zu knüpfen. Um besser Deutsch zu lernen.

Dass es *Megaphon* und diesen Chor gab, wusste ich von einer Veranstaltung, von der ich im Flüchtlingsheim gehört hatte: *Styria meets Syria.* Dort wurde ich auf den Chor aufmerksam. Also ging ich hin. Nicht, um plötzlich wie durch ein Wunder schön zu singen. Auch nicht, weil ich mir Hoffnungen machte, dass einer meiner Texte mal bei *Megaphon* erscheinen könnte. Was jedoch geschah. Nein. Ich ging hin, um einfach ein bisschen mitzutun. Vor allem aber, um unter Menschen zu sein. Um mit Menschen zu sprechen.

Lisa war dieser eine Mensch, der sich rasch um mich gekümmert hat. Sie hat mir schon bald das Gefühl gegeben, nicht fremd zu sein. Sie hat nicht gezögert, mich mitzunehmen, wenn sie mit Freunden unterwegs war. Sie hat Interesse an mir gezeigt, ohne mich auszusaugen. Sie sagte, sie sei beeindruckt von mir, weil ich versuche, vieles im Leben mit Liebe und Frieden zu verbinden. Und so musste ich ihr immer Geschichten erzählen. Aus meiner Heimat. Von den schönen und von den schrecklichen Dingen. Auch, dass ich einmal, kurz vor meiner Flucht, ein kleines Kind aus den Trümmern eines zerbombten Hauses gezogen habe. In derselben Straße, in der mein Elternhaus lag. Der Bub war ungefähr zwei Jahre alt. Er war schwer verletzt und blutüberströmt, aber er hat überlebt. Lisa gab mir erstmals das Gefühl, dass ich nicht nur hier war, um andere Menschen zu brauchen. Dass ich hier war, weil auch ich gebraucht wurde. Sie kam zu mir (und nicht zu ihren österreichischen Freunden), als sie Liebeskummer mit ihrem Freund in Deutschland hatte. Und wir telefonierten mehrere Male, redeten viele Stunden. Nicht mehr um alles betteln zu müssen, sondern auch geben zu können. Das macht etwas mit deiner Seele.

Lisa war es auch, die sich stundenlang mit mir hinsetzte, um zum ersten Mal eines meiner arabischen Gedichte auf Deutsch zu übersetzen. Ein Text, den ich in der Türkei geschrieben hatte. Gemeinsam, mit Händen und Füßen und einem Übersetzungsprogramm im Internet, schafften wir es.

Wir wollen sein. Und wir wollen nicht sein. Wir befinden uns zwischen Enttäuschung und Inexistenz.
Im gelben Meer. Ich klammere mich an einen festen Halm, um nicht unterzugehen. Ich rede mit meinem Spiegelbild, einer unsichtbaren Wand. Angsterfüllt wache ich auf.
Ein lächelndes Bett. Und ein Schachbrett. Ich bin nicht gefesselt. Mein Blut fesselt mich. Ein Wesen erscheint unter dem Dach. Es blickt mich an, als wären wir einander bekannt. Es spricht nicht mit mir, obwohl ich schreie, und es streckt mir nicht seine helfende Hand entgegen. Angsterfüllt wache ich auf.
Eine Wüste aus schwarzem Sand. Eine Windhose verwandelt sich, noch bevor sie bei mir ankommt, in eine Oase. Mich zieht es zu ihr hin, weil ich durstig bin. Doch sie verzaubert mich in einen Frosch. Ich verstecke mich unter vielen Leichen. Schon seit Tausenden von

Jahren bin ich unter ihnen. Ich warte auf eine Prinzessin, die mich lieben wird. Und mich wieder in einen Menschen verwandelt.
Angsterfüllt wache ich auf.
Angsterfüllt wache ich auf.
Hey, Sisyphos, bist du erschöpft? Hör auf, die Steine auf den Berg zu tragen. Hör auf!

Lisa war es, die in ihrer Heimat Lengau in Oberösterreich die erste Sololesung für mich organisiert hat. Kurz vor dem *Poetry-Slam*. Ich hoffte, dass vielleicht fünfzehn Leute kommen würden. Nein, vielleicht zehn. Wer wollte schon einem Flüchtling mit schlechtem Deutsch zuhören? Tatsächlich kamen achtzig Menschen. Vom Bauer bis zum Arzt. Vom Jugendlichen bis zum Pensionisten. Niemals wieder habe ich ein so bunt gemischtes Publikum erlebt.

So vieles verbindet Lisa und mich. Auch dieser eine ganz besondere Tag in meinem Leben, der alles verändert hat, und an dem Unglück und Glück so nahe beisammen liegen würden.

Danke, Lisa!

Ruth

Was mir zuerst an Ruth auffiel?

Ihr schönes schwarzes Haar. Ihre *direkten* Augen. Direkt, weil sie Blicken nicht ausweicht. Darüber die Brille mit dem blau-türkisen Rahmen. Und vor allem ihre ruhige Stimme. Ruth war und ist die Frau, die in die Ruhe verliebt ist.

Firas sagt immer wieder zu mir, er würde es nicht einen Tag bei Ruth aushalten. Wegen dieser Stille, die über allem liegt, was mit Ruth zu tun hat. Weil er dann immer an schlafen denken müsse.

Wo Ruth ist, ist die Ruhe. Wenn sie einen Film sieht, oder die Vorstadtweiber, hat sie oft die Kopfhörer auf. Und wenn ich zu ihr komme und glaube, ich muss auf Zehenspitzen gehen, erinnert mich das an meine Zeit als Teenager. Wenn ich mich ins Haus schlich, damit mein Vater nicht merkte, dass ich erst jetzt kam.

Ruth liebt auch die Vorsätze. Den Vorsatz, Sport zu betreiben, den sie dann doch nicht macht, weil es zu anstrengend ist. Den aber die Kinder unbedingt machen sollen. Wir Kinder. Ihre beiden, Alena und Nicolai. Und ich.

Ruth liebt auch den Vorsatz, sonntags in die Kirche zu gehen. Sie liebt Maria und Josef und die vielen Geschichten über die Heiligen. Früher einmal, hat sie mir erzählt, wollte sie Klosterschwester werden. Doch kurz danach trat sie aus der Kirche aus. Weil sie, wie sie sagt, nicht für den Glauben bezahlen will. Den kann ihr sowieso niemand nehmen. Und genau deshalb möchte sie auch gerne in die Messe gehen. Bloß überrascht sie dann meist ein Kopfschmerz. Oder der Schlaf. Kirchen, habe ich in Österreich gelernt, sind der Ort, wo die meisten alten Leute auf einmal anzutreffen sind. Und Ruth liebt es, zu Ostern das Fleisch zu weihen, im Advent Kränze aufzustellen und zu Weihnachten die Wohnung mit Weihrauch zu füllen. Nicht alle sind davon begeistert. Vor allem nicht ihr Sohn Nicolai, weil seine Kleider dann immer so streng riechen. Er sagt: Sie stinken.

Ruth war meine erste Deutschlehrerin. In einem Kindergarten in Graz, wohin wir Flüchtlinge kamen, um diese schwere Sprache zu lernen. Dort sah ich sie zum ersten Mal.

»Was liest du gerne?«, fragte sie mich gleich am ersten Tag.

»Paulo Coelho«, sagte ich.

Und Ruth stupste das junge Mädchen, das gleich neben ihr saß, an und sagte zu mir: »Sie auch. Das ist Alena. Meine Tochter.«

Ruth liebt den Apfelbaum, der mitten in ihrem Garten steht. Er ist noch klein und frisch gepflanzt, und wenn Alena dann sagt, der müsse weg, weil er hier nicht schön sei, wirft sie ihr strenge Blicke zu. Und sieht zu mir her.

»Und? Was meinst du?«

»Mmhhmm ... ich weiß nicht.«

»Aber geh!«, sagt sie dann. Und der Apfelbaum bleibt.

Ruth liebt auch die Früchte in ihrem Garten, obwohl sie nie selber welche isst. Sie ist zufrieden, wenn ich den Rasen ordentlich mähe. Oder das Dach der Gartenhütte neu decke. Oder eine Sitzbank baue. Gar nicht zufrieden ist sie, wenn sie vom Urlaub heimkommt und sieht, dass ich ihre Rosen geschnitten habe.

»Jetzt wachsen sie nicht mehr schön«, sagt sie dann. Und sie sagt es immer wieder. Und lacht.

Ruth liebt auch den Rotwein. Und Schweinsbraten. Und das gesunde, nicht-syrische Essen. In ihrer Küche gibt es eine Riesenmenge an Gewürzen, die sie nie verwendet. Von manchen hat sie überhaupt gleich fünf Dosen, weil sie für jedes Mal kochen neue kauft und nicht mehr weiß, dass sie schon drei oder vier davon zuhause hat. Und sie hat einen riesengroßen Wok. Einmal im Jahr kommt er auf den Herd. Wenn es gutgeht, ein zweites Mal.

Ruth liebt auch die Blumen im Haus. Und die Kerzen. Beim Abendessen zündet sie welche an, dreht das Licht ab. Anfangs musste ich immer an Syrien denken und daran, dass wir bei Kerzenlicht nur aßen, wenn der Strom wieder mal ausgefallen war. Einmal kam ich mit meinen buschigen Haaren zu nahe an eine von Ruths Kerzen. Sie fingen sofort Feuer, und ich verlor einen Großteil der Haare an die Kerze. Da merkte ich, dass Ruth auch um mich Angst hat. Weil sie seitdem nur Kerzen anzündet, die nicht in meiner Nähe stehen.

Natürlich hat Ruth aber auch ganz andere Ängste. Speziell am Anfang hatte sie die. Wenn Freunde mich besuchen kamen und es lauter syrische Männer waren. Vielleicht, weil Ruth von meiner alten Heimat nichts kannte, außer den Golanhöhen. Und den Bildern aus dem Fernsehen und aus der Zeitung. Trotzdem hat Ruth ihre Türen geöffnet.

Wer Ruths Haus betritt, wird von vielen Bildern begrüßt. Die meisten davon stehen auf dem Boden herum. Andere Menschen hängen ihre Bilder alle auf, Ruth stellt sie auf. Weil sie auch sonst vieles tut, was andere nicht machen. Und vieles nicht tut, was andere machen. Selbst gemalt hat Ruth schon lange nicht mehr, trotzdem geht sie gerne in ihr Lieblingsgeschäft, um neue Stifte und Farben zu kaufen. Ruth hat auch ein Bild von einem Mann, der ganz ähnliche Haare hat wie ich: Jimmy Hendrix.

In ihrem Wohnzimmer empfängt dich ein schwarzes Klavier. Als Alena erstmals zwei Lieder darauf spielte, dachte ich: Ich bin in eine Klavierspielerin verliebt. Und in Ruths Schlafzimmer stehen auf dem Kasten Kisten mit dem Babygewand ihrer schon lange erwachsenen Kinder. Einmal im Jahr wäscht sie die Sachen, hängt sie draußen zum Trocknen auf, und die Nachbarn tuscheln dann tagelang, bis einer sich endlich fragen traut:

»Ruth, bist du schwanger?«

Meine letzte Erinnerung an Ruth als meine Lehrerin, noch vor der ersten Erinnerung an Ruth als meine Schwiegermutter, ist der Abend, als ich ihre Tochter zum ersten Mal zuhause besuchte. Ich hatte panische Angst. Sie kam zur Tür herein, und ich stand da und hatte eine Jogginghose von Alena an. Ich stellte mir eine ähnliche Situation in meiner alten Heimat Syrien vor, und ich hörte sie schon schimpfen: »Ich gebe dir keinen Deutschunterricht, damit du meine Tochter verführst!«

Aber das hat Ruth nicht gesagt. Damals nicht. Und auch später nicht. Sie begrüßte mich herzlich, und wir setzten uns an den Tisch und aßen gemeinsam, was ich in ihrer Küche gekocht hatte. Halal. Und sie erzählte von ihrem Tag im Krankenhaus, zwölf Stunden harter Arbeit, als wäre sonst nichts Besonderes geschehen. Von diesem Tag weg wohnte ich bei Ruth und Alena.

Seit damals ist Ruth auch meine Krankenschwester. Das ist ihr Beruf, den sie im Spital ausübt. Und ihr Beruf, den sie zuhause ausübt. Für ihre Kinder. Tochter Alena. Sohn Nicolai. Und für mich. Wenn eines ihrer Kinder krank ist, steht eine tiefe Sorge in ihrem Gesicht. Als würde sie sagen wollen: bestimmt ein Herzinfarkt. Oder wenigstens Krebs.

Ich weiß noch so gut, wie ich im Winter krank wurde. In meinem ersten Winter in Graz. Und auch im zweiten. Immer nur im Winter. Ruth schenkte mir jedes Mal zu Weihnachten möglichst dickes, möglichst warmes Gewand. Pelzstiefel. Pelzjacke. Wollsocken. Schals. Und Hauben, die ich nur selten aufsetzte.

Die Kleidung half nicht wirklich. Niemand wusste genau, was mir fehlte. Auch die Ärzte im Krankenhaus, wo ich einmal fünf Tage lang bleiben musste, wussten es nicht. Ruth gab nicht auf, nach dem Grund zu suchen. Bis sie eines Tages auf einen Assistenzarzt im LKH Graz-Süd in der Abteilung für Neurologie stieß, der zu ihr sagte: »Alles, was Omar fehlt, ist die Sonne.«

Von da an bekam ich Sonne in Medikamenten. Vitamintropfen. Und ich war im Winter auch nicht mehr krank. Krank zu sein, heißt für Ruth selbst, dass sie keine Sekunde auf Facebook ist, weil die von der Gebietskrankenkasse das bestimmt kontrollieren würden.

Ich habe noch keine Kinder. Aber von Ruth lerne ich, wie es sein könnte, welche zu haben. In ihr lebt die ganze Freude über ihre Kinder, denen sie einen Namen gegeben und ins Leben geholfen hat. Ruth ist sehr stolz auf ihre Kinder.

Ruth ist aber auch stolz auf mich, ohne dass ich in ihrem Bauch gewachsen wäre. Sie ist einer meiner größten Fans, wenn ich auf der Bühne stehe oder sitze und lese. Ihre stille Kraft stärkt mir den Rücken.

Als wir von meinem ersten *Poetry-Slam* nachhause fuhren, hörte sie nicht auf, mich zu loben. »Du hast toll gelesen«, sagte sie stolz.

»Aber die Worte«, sagte ich. »Ich spreche sie nicht gut aus. Die anderen lesen viel besser.«

»Das spielt überhaupt keine Rolle«, sagte sie. »Außerdem … du hast eine Geschichte. Du bist authentisch. Das zählt.« Keine Widerrede. Ruth ist die Frau, die versucht, bei jeder meiner Lesungen dabei zu sein. Wenn es ihre Arbeit nur irgendwie zulässt. Und wenn nicht, muss Alena alles fotografieren und aufschreiben und es ihr ins Krankenhaus schicken.

Sie hat auch fast mehr Sorge als ich, dass ich nicht fertig werden könnte, seit ich begonnen habe, das Buch »Danke« zu schreiben. Mindestens einmal am Tag erhalte ich ein SMS von ihr zur Erinnerung. »Vergiss nicht zu schreiben!«

Dass ich nicht jeden Tag Lust habe zu schreiben, zählt nicht. Ruth sagt dann: »Du musst zeitig in der Früh aufstehen und dich hinsetzen. Und schreiben. Mindestens sechs Stunden am Tag. Die echten Schriftsteller sagen das auch. Disziplin, Omar! Anders funktioniert es nicht.«

Echte Schriftsteller, sagt Ruth außerdem, tragen auch echte Schriftstellerkleidung. Was immer das heißen soll. Aber Ruth weiß, was das bedeutet. Deshalb hat sie mir auch einen tollen Mantel in einem schicken italienischen Schnitt geschenkt. Das war letztes Jahr zu Weihnachten. Und einen schwarzen Pullover.

Sie macht sich Gedanken, was sie mir schenken kann, obwohl sie einkaufen nicht besonders mag. Und noch weniger liebt Ruth es, wenn wir gemeinsam zum Markt gehen, sie fünf Erdäpfel um gefühlte vier Euro kauft und ich entsetzt rufe: »Beim Türken bekommst du drei Kilo um einen Euro!«

»Billig ist nicht alles«, sagt Ruth dann. »Wir müssen unsere eigenen Bauern unterstützen. Das ist wichtiger.« Und auch hier, spüre ich, gilt: keine Widerrede.

Ruth hasst es zu streiten. Trotzdem kommt es natürlich manchmal vor. Wir reden dann nur wenig miteinander, und Alena spielt den Vermittler. Jeder flüstert ihr ins Ohr, was ihn ärgert und was er gerne anders hätte. Nach zwei Tagen kommt Ruth, sagt:

»Jetzt reden wir.«

Von ihr habe ich gelernt, dass man immer versuchen sollte, Konflikte zu vermeiden, und wenn es sie doch gibt, dass sie nicht zum Krieg werden dürfen. Dass man jedes Problem mit Worten aus der Welt schaffen muss. Jedes. Und nicht mit Waffen. Und auch nicht Waffen, die aus Worten bestehen.

Seit ein paar Monaten sehe ich Ruth nicht mehr jeden Tag. Ich lebe jetzt woanders. Weggehen, merke ich, war noch nie meins. Auch deshalb denke ich jeden Tag mehrmals an sie. Ruth. Diese Frau, die mir zu einem Schatten meiner Mutter geworden ist. Sie hat mir alles gegeben. Vertrauen. Liebe. Mut. Heimat. Und sogar das Wertvollste, das sie zu vergeben hat: ihre Tochter.

Danke, Ruth!

Adnan und Sabine

Ein Schriftsteller und Landsmann von mir, der in Deutschland lebt, schrieb dem Sinn nach einmal, dass die Syrer die Diktatur, den Krieg und die Flucht übers Meer überleben, aber dann in ihrem Exil auf einem Balkon erfrieren. Weil sie dort stehen und rauchen und auf alles andere vergessen. Daran musste ich an jenem Morgen im Frühwinter 2015 denken, als ich draußen stand und rauchte, weil ich doch gelernt hatte, dass das in Österreich jetzt so war.

Vielleicht aber auch nicht.

Meine Versuche, mich an die Werte in diesem Land anzupassen, werden beim Rauchen auf eine besonders harte Probe gestellt, weil es so aussieht, als wäre jeden Tag alles anders. Egal. Ich erfror also beinahe auf dem Balkon im Exil, ging nach drinnen und hörte auf YouTube ein wenig meine Lieblingsmusik. Danach setzte ich mich an den Schreibtisch, um Deutsch zu lernen. Ich schlug im Wörterbuch Wörter nach, die bestimmt von großer Bedeutung und im Alltag sehr oft zu gebrauchen waren: Magenschmerzen, Blinddarm. Und ähnliche.

Dann kam Ruths Anruf auf meinem Handy. Und dann, wenig später, sah ich Adnan zum ersten Mal. Er lag im Bett. Zugedeckt mit weißen Spitalslaken. Sein Gesicht war auf der einen Seite grässlich entstellt. Es sah aus wie verbrannt. Das eine Auge konnte er kaum öffnen.

»Wir haben hier einen Syrer auf der Intensivstation«, hatte Ruth zuvor am Telefon gesagt. »Er war einige Zeit bewusstlos, jetzt ist er aufgewacht. Er kann weder Englisch noch Deutsch.« Also fuhr ich sofort ins Krankenhaus. Als Ruth mich empfing, sprach sie kein einziges privates Wort mit mir. Anfangs war ich fast beleidigt, doch dann verstand ich, dass sie ihre Arbeit sehr ernst nahm und sehr darin vertieft war.

Adnan hatte ein Bändchen am Arm mit einer Nummer. Zuletzt waren so viele Syrer nach Österreich gekommen, dass sie alle Nummern bekamen. Für einen kurzen Moment schauderte es mich. Als dieser achtzehn Jahre junge Mann vor mir die ersten arabischen Worte aus meinem Mund hörte, schossen ihm die Tränen in die Augen. Wenig später wusste ich schon einiges von ihm, vor allem das, was die Ärzte wissen wollten:

Adnan war Epileptiker. In Ungarn hatte die Polizei ihm seine Medikamente abgenommen, sie weggeworfen und ihn geschlagen, als er sich dagegen wehrte. Es sah danach aus, dass er auf dem Hauptbahnhof in Graz einen Anfall gehabt hatte. Von dort wollte er eigentlich weiter zu seinem Bruder nach Deutschland fahren. Und von dort hatte die Rettung ihn eingeliefert.

Dann kam sie ins Zimmer: Sabine. Krankenschwester auf der Intensivstation. Ich bat sie, noch etwas bei Adnan bleiben zu dürfen, weil ich merkte, dass ihm meine Anwesenheit guttat. Er hatte begonnen, sich etwas zu entspannen und Vertrauen zu haben. Sabine lächelte. Sie hätte ein paar Fragen an Adnan, sagte sie zu mir. »Können Sie für mich übersetzen?«

Sabines wichtigste Frage galt den Verbrennungen in seinem Gesicht. Von wann sie stammten. Also begann Adnan zu erzählen. Dass er schon als Kind Epilepsie gehabt habe. Mit acht Jahren. Erst versuchten die Eltern es mit den traditionellen Methoden. Kräutern. Wahrsagern. Einem Scheich, dem sie Geld gaben, damit er half. Später mit Tabletten. Adnans Vater hatte Angst, dass man ihn verspottet und schlecht behandelt. Also durfte der Sohn nicht arbeiten gehen. Der Vater wurde eines Tages in einem Gefängnis ermordet, und Adnan sollte zum Heer. Weil er wegen seiner Epilepsie untauglich war, warf man auch ihn ins Gefängnis, nahm ihm die Medikamente ab. Als er wieder einmal einen Anfall bekam, tat er, was ihm seine Mutter schon als kleines Kind beigebracht hatte:

»Wenn es kommt, dann rufe so laut du kannst nach Allah«, hatte sie ihm befohlen. Weil dadurch seine Seele erleichtert würde.

Also schrie Adnan auch im Gefängnis so laut er konnte nach Allah. Die Wärter dachten jedoch, er wolle sie verspotten. Und kamen mit einem Kübel wieder, in dem sich heißer Beton befand. Den gossen sie ihm übers Gesicht. Ein paar Wochen später schickten sie ihn, völlig entstellt, zurück zu seiner Familie.

Sabine begegnet dem Tod hier drinnen jeden Tag bestimmt mehrmals, dachte ich. Trotzdem sah ich, dass sie Tränen in den Augen hatte, als ich ihr übersetzte. Sie war zutiefst betroffen. Später organisierte sie gemeinsam mit ihrem Freund Kleider für Adnan, weil er bei dem Anfall seine Tasche mit allen Habseligkeiten verloren hatte. Und als einmal ein Arzt sah, dass Adnan jetzt einen Markenpullover trug und er zu schimpfen begann, dass die Flüchtlinge offenbar gar nicht so arm seien, wie immer behauptet wurde, stellte sie sich hin und widersprach. Ich war sehr berührt. Sie verteidigte jemanden, den sie überhaupt nicht kannte. Noch dazu gegen jemanden, der ihr Chef war.

Als es Adnan besserging, war ich mit ihm im Spitalsgarten spazieren. Er rief mit meinem Handy seinen Bruder in Deutschland an, zu dem er bald fahren wollte. Ich hörte, wie er die ganze Zeit nur von Sabine sprach. Auch beim zweiten und dritten Telefonat hatte er immer auch dieses Thema: Krankenschwester Sabine. Ich selbst musste an Horrorgeschichten aus meiner alten Heimat denken, wo es vorkam, dass Menschen in Spitälern ermordet wurden. Sogar von den Ärzten. Während sich hier alle unglaublich um jeden Kranken kümmerten. Egal, ob er Geld hatte oder nicht. Egal, wer er war und woher er kam.

Vier Tage lang begleitete ich Adnan als Übersetzer und Freund auf Zeit. Danach wurde er entlassen, kam zurück ins Flüchtlingsheim und fuhr wenig später zu seinen Verwandten nach Deutschland. Als wir uns verabschiedeten, weinte sein gesundes Auge. Vor Glück, weil er zu seiner Familie kam und die Chance bestand, dass sein Gesicht in einer Operation wiederhergestellt würde. Adnan weinte aber auch vor Unglück, weil er wegfuhr. Die Krankenschwester Sabine hatte ihm innerhalb von vier Tagen eine neue Heimat gegeben, die er jetzt wieder verlassen musste. Soweit ich weiß, hat Adnan nur ein einziges deutsches Wort gelernt: Danke. Und Sabine das arabische Gegenstück: Schukran.

Die Zeit mit Sabine und Adnan war nur kurz. Sie wurden nicht zu Menschen meines Alltags. Trotzdem haben sie mir etwas sehr, sehr Wertvolles gegeben: Das Gefühl, in einem fremden Land nicht nur auf Hilfe angewiesen zu sein, sondern selbst helfen zu können. Außerdem, dass du an der Not eines anderen Menschen nicht zerbrechen und deshalb rasch wegsehen musst, sondern daran wachsen kannst. Und dass die Sehnsucht in uns Menschen nach Menschlichkeit immer größer ist als Zurückhaltung, Angst und Hass.

Danke, Adnan und Sabine!

Alena

Es war der 20. Juni 2015.

Ich hatte schon seit zwei Wochen auf diesen Tag gewartet. Wir wollten auf den Multikulti-Ball in Graz gehen. Lisa, ich und viele andere. Obwohl ich inzwischen nicht gelernt hatte, wie ein syrischer Steppenkiebitz zu singen, war ich Mitglied im *Megaphon*-Chor. Und wir sollten an diesem Abend beim Ball auftreten.

Tatsächlich hatte ich Pläne, bei denen der Ball nicht die Hauptrolle spielte. Ich wollte nur ein bis zwei Stunden auf dem Ball bleiben und danach spazieren gehen. Mit ihr. Alena. Ich hatte den Vorschlag gemacht, und Alena hatte ihn angenommen. Erst zum Ball. Nicht lange. Dann spazieren gehen. Lange.

Ich hatte Alena von Damaskus vorgeschwärmt. Mehr mit den Armen als mit meiner Zunge. Ich erzählte ihr von einem dort berühmten Berg, dem *Dschabal Qãsiy□n*. Er war mehr als tausend Meter hoch, und von seinem Gipfel konnte man über die ganze Stadt blicken. Auf ihm soll angeblich auch Kain seinen Bruder Abel erschlagen haben. Davon hatte ich nicht geschwärmt.

Dafür von den herrlichen Olivenbäumen, die es auf seinen Hängen gab. Und von den wundervollen Nächten, die ich dort schon verbracht hatte. Die Lichter der Stadt beobachten. Musik von Fairuz hören, der in meiner alten Heimat so berühmten Sängerin, die auch als *Mutter der libanesischen Nation* gilt. Fairuz, was auf Deutsch bedeutet: türkis. Und dazu Kaffee trinken und reden und lachen und auf den Morgen warten.

Unser *Dschabal Qãsiy□n* sollte der Grazer Schlossberg sein. Das war mein perfekter Plan für den Abend des 20. Juni, der damit enden sollte, dass ich diese Frau vielleicht sogar kü–.

Dann, am Nachmittag, kam die Nachricht, die alles zerstörte. Es war 16 Uhr, als ich zu meinem Fahrrad ging, das Schloss aufsperrte und vom Flüchtlingsheim losfahren wollte. Ich wusste, ich brauchte vierzig Minuten nach Graz. An diesem Tag hasste ich Radfahren mehr als alles andere auf der Welt, denn ich hatte mein schönstes Gewand an. Schon am Vortag hatte ich mein weißes Hemd und meine graue Hose gewaschen und gebügelt. Außerdem hatte ich meinen Bart geschnitten. Auf keinen Fall wollte ich während der Fahrt schwitzen. Würde ich schwitzen, würde ich später anfangen zu stinken. Also musste ich sehr langsam fahren. Ich durfte nicht stinken. Ich wollte Alena küssen.

Ich pfiff vor mich hin, als ich das Fahrrad erreichte. Die Melodie meines Liedes mit meinen Worten: *Frieden. Frie-den. Frei-heit. Frei-heit.*

Und dann kam die SMS von Daniel, dem Chorleiter.

Hallo, Omar! Der Ball ist abgesagt! Es ist etwas Schreckliches passiert.

Ich verstand, was ich da las. Und ich verstand es auch nicht. Ich schaltete das Handy aus, spürte, wie ich zornig wurde. Ich sprang aufs Rad und fuhr schnell nach Graz. Viel zu schnell, um später Alena küssen zu können. Einmal blieb ich stehen, drehte das Handy wieder auf und hoffte, dass die Nachricht verschwunden wäre. Sie war immer noch da. Und ich verstand immer weniger.

Beim Eingang zur Universität in Graz hing ein Plakat, das ich nicht kapierte. Davor hatten Menschen mit Kreide etwas auf den Boden geschrieben, das ich ebenso wenig kapierte. Alena schickte mir eine Nachricht, ob alles mit mir in Ordnung sei. Und dass wir uns kurz auf einen Kaffee treffen könnten, wenn sie eine Pause vom Lernen machte. Jetzt gleich. Noch am Nachmittag. Aber das wollte ich nicht. Ich wollte sie doch erst am Abend treffen. Nicht jetzt. Ich suchte nach Ausreden, und aus dem, was sie mir zurückschrieb, bekam ich das Gefühl, sie dachte, ich wollte sie nicht mehr treffen.

Ich rief Lisa an.

»Komm her, Omar. Es ist schrecklich.«

»Was ist schrecklich?«, fragte ich.

»Komm her. Ich erkläre es dir.«

Also fuhr ich mit dem Rad zu Lisa. In ihre WG in der Nähe des Augartens. Die ganze Zeit, schon während der Fahrt nach Graz, hatte ich an Alena gedacht. An den Tag, als ich sie zum ersten Mal sah. Beim Sprachkurs an der Seite ihrer Mutter Ruth. Ich dachte an die winzigen Sessel, auf denen wir saßen. Sie mir gegenüber. Dachte an die warme Kleidung, die ich trug. An die Haube, die ich nicht vom Kopf nehmen wollte, obwohl die Haut schon so juckte. An ihr wunderschönes, langes Haar, das golden funkelte wie die Morgensonne über den Dächern von Damaskus. Dachte auch an die Augen hinter den geschminkten Wimpern. Diese Augen, die nach Ankommen rochen und nach Hierbleiben-Wollen dufteten. An das Strahlen dieser Augen, das sogar einen Mörder verführen konnte, seine Waffen wegzuwerfen.

Und ich dachte daran, dass auch sie sich vorgestellt hatte wie alle anderen: »Ich heiße Alena. Ich bin aus

Österreich, 23 Jahre alt und arbeite hier im Kindergarten. Ich studiere Architektur, und ich lese gerne.«

Ja, ich weiß. Paulo Coelho.

Ich dachte an meinen Plan, an meine Hoffnung, Alena auf dem Grazer *Dschabal Qãsiy□n* zu küssen. Oben auf dem Schlossberg. Genau dort sollte es geschehen. Weil wir dort alleine wären. Vielleicht. Weil ich Angst hatte, eine Ohrfeige zu bekommen und mich schämte. Weil ich Angst hatte, dass sie sich schämte, wenn sie einen Flüchtling viel zu nahe an sich heranließ. Und weil ich Angst hatte, am nächsten Tag könnte in der Zeitung stehen, dass ein Flüchtling versucht hatte, eine Österreicherin zu küssen.

Damals schon spürte ich, dass diese Augen sehr tief waren. Wie auf dem offenen Meer. Aber sie waren auch ein Hafen. Mein Herz hatte diesen Hafen darin gesehen. Daran dachte ich, als ich zornig Richtung Graz strampelte und zu schwitzen begann. Weil es danach aussah, dass mein schöner Plan ins Wasser fiel.

Und ein bisschen dachte ich auch daran, was ein Mitbewohner im Flüchtlingsheim gesagt hatte, kurz bevor ich losfuhr. »Fahr nicht, Omar. Wer weiß, was jetzt in Graz los ist. Als Syrer solltest du lieber nicht auf die Straße gehen. Es könnte gefährlich für dich werden.« Er hatte auf Facebook davon gelesen.

Gefährlich? Für mich? Was denn? Ich verstand gar nichts.

»Ein Mann ist mit dem Auto in die Menschen gerast«, sagte Lisa, als ich in ihre Wohnung kam. Die Tränen erstickten ihre Stimme. Sie und ihre drei Freundinnen standen da, waren im Gesicht weiß wie die Wand und weinten. Sie erzählten mir von dem Amoklauf in der Innenstadt. Dass es drei Tote gab. Und sehr, sehr viele Verletzte.

Jetzt verstand ich. Darum war der Ball abgesagt worden. Darum die Kreideschrift auf dem Boden vor der Uni. Darum die Warnung meines Mitbewohners.

Ich war zerrissen. Ich verstand den Schmerz der vier Mädchen. Und zugleich konnte ich nicht anders. Ich musste es sagen, ohne kalt wirken zu wollen: »Für mich ist das leider nichts Ungewöhnliches. Ich habe mich schon lange an den Tod gewöhnt. In Syrien sterben oft Dutzende Menschen an einem Tag durch solche Taten.«

Danach sprachen wir lange darüber. Wir standen auf dem Balkon der WG, rauchten und redeten. Ich erzählte, was ich alles in der alten Heimat zurückgelassen oder verloren hatte. Die Familie. Die Freunde.

Und die vielen Texte, die ich mich nicht auf meinem Handy in den Libanon zu schmuggeln traute, weil ich panische Angst hatte, damit erwischt zu werden. Wir trauerten gemeinsam über die Opfer. Die in Graz. Die in Syrien. Und überall anders auch, wo Krieg und Terror herrschten.

Es war ein schönes Gefühl, die Empathie der Mädchen zu spüren für Menschen, die sie nicht persönlich kannten. Und ich war in diesen Stunden sehr froh, dass ich Lisa zur Freundin hatte. Weil Freunde immer füreinander da sein sollten. Im Glück. Im Unglück. Um etwas zu unternehmen. Um einander in der Ferne zu trösten. Um Geheimnisse auszutauschen. Um Geheimnisse zu bewahren. Um Sicherheit zu geben. Um Angst zu nehmen. Um zu beschützen. Um sich beschützen zu lassen. Um deinen Stolz auf etwas zu teilen. Um dich zurück auf den Boden zu holen, wenn der Stolz zu hoch hinauf fliegt. Für alles und noch mehr.

Später, am Abend, traf ich Alena dann doch noch. Nicht oben auf dem Grazer *Dschabal Qãsiy□n*,, sondern herunten, am Ufer der Mur. Wir saßen nebeneinander auf einem großen Stein. Von außen betrachtet, war es ein ruhiger Moment. Stille und Harmonie. In Wirklichkeit bebte alles in mir. Ich sah mich selbst wie einen Fremden, stand mir gegenüber und beobachtete die Szene. Bestimmt verbringt sie ihre Zeit nur mit mir, weil sie mich bedauert, dachte ich. Weil sie mich arm findet und Mitleid hat. Und zugleich dachte ich: Du musst vorsichtig sein, Omar. Du bist hier nichts als ein Flüchtling.

Ich sah Alena in die Augen, betrachtete die Muttermale in ihrem Gesicht, und auf einmal sah ich alles Schöne, das ich jemals erlebt hatte. Und das Leid, das ich auch erlebt hatte, war wie eine Fata Morgana. Sie war da, aber sie war auch nicht da.

Die Stirn ist der Sand der Heimat.

Ich hatte diesen Satz einmal wo gehört. In Syrien. Dann küsste ich Alena auf die Stirn. Ich küsste alles, was mir heilig war. Und Alena küsste mich. Die Frau mit den blauen Augen, der weißen Haut und dem blonden Haar küsste mich, den syrischen Flüchtling, an dem alles ziemlich dunkel war.

»Ich glaube, sie mag mich«, sagte ich später zu Firas, als wir mit den Rädern ins Heim zurück nach Gratkorn fuhren.

»Mmhhmm, Maschi«, spottete er.

»Ich hasse dich!«

Firas lachte. Dann: »Was will sie von dir? Deine Haare?«

Immer wieder kam Firas mit seinem leisen oder lauten Hohn über meine Haare. Doch es berührte mich nicht, ich dachte nur noch an Alena. Und ich hatte auch ein paar Zeilen im Kopf, die ich zuhause, im Heim, sofort niederschreiben wollte.

In deiner Umarmung werden die Geheimnisse begraben.
Die Geheimnisse des Lebens. Und des Todes.
In deiner Umarmung schmilzt der Schnee.
Alle Gesetze treten außer Kraft.
Und alle Herrscher werden gestürzt.

So, oder so ähnlich sollte es werden. Dazu noch Worte, die meine Reise hierher bestimmt hatten, aber auch das Gefühl, das ich jetzt hatte. Das Gefühl, angekommen zu sein. Ich fühlte Worte wie:

Krieg. Blutvergießer. Revolution. Flucht. Liebhaber. Verrückter.

Solche Dinge.

Einen Monat später saßen Alena und ich wieder am Ufer der Mur. An derselben Stelle wie damals. Doch die Stimmung war eine andere. Ich sah ihre Augen und sah, dass alle Heiligen schwiegen. Das Licht, das ich darin sah, sagte zu mir: Ich war.

Was war ich? War es das?

Alena schwieg eine Zeitlang, dann begann sie zu erzählen. Von einer Freundin und auch einigen anderen Menschen, die alle dasselbe sagten: Dass sie aufpassen solle. Mit einem wie mir. Dass ich sie nur ausnützen würde. Einer wie ich. Und dass eine Freundin überhaupt gesagt hatte:

»Wenn du Muslima wirst, spreche ich nie wieder ein Wort mit dir.«

Ich erzählte ihr, dass die Menschen im Flüchtlingsheim mich auch für verrückt hielten. Weil eine europäische Frau wie sie nicht zu einem arabischen Mann wie mir passe. So etwas sei einem guten Moslem verboten.

Immer wieder erlebten Alena und ich solche Situationen. Dennoch hat es gehalten. Wir haben es ausgehalten. Unsere Liebe ist daran sogar gewachsen. Und wenn sie sich vor mich hinstellt und mein Gesicht in ihre Hände nimmt und sagt: »Omar, du bist so hübsch«, dann stehe ich danach vor dem Spiegel und suche nach etwas, was ich vorher nicht gekannt habe. Alena hat mir das Selbstvertrauen wiedergeschenkt, das ich auf der Flucht verloren hatte. Stück für Stück kehrt es in mich zurück.

Heute haben wir viele gemeinsame Freunde. Und wir leben auch zusammen in einer eigenen Wohnung mitten in Graz. Nur Alena und ich. Immer wenn ich den Tisch decke und die Kerzen anzünde und das Licht ausschalte, denke ich an mein altes Zuhause und an die Flüche meines Vaters, weil wieder irgendwer den Strom abgedreht hat. Ja, ich denke an mein altes Zuhause in Syrien. Aber auch an das neue Zuhause, das mir Ruth geschenkt hat. An unsere Gespräche, die oft auch Streitgespräche waren, ohne dass wir gestritten haben. Und dass sie mir ihre Tochter Alena anvertraut hat. Dem Flüchtling.

Alena ist die Frau, die alles mit mir teilt. Und ich mit ihr. Auch meine Vergangenheit. Meine Herkunft. Alena ist meine Heimat. Heimat. Dieses Wort, das sich an vielen Orten wohlfühlt. Das in vieles hineinpasst. Aber besser nicht in den Mund eines Politikers.

Danke, Alena!

Peter

Was habe ich zu bieten?

Diese Frage stelle ich mir immer wieder. Und ganz besonders habe ich sie mir bei Peter gestellt. Peter ist 64 Jahre alt, doch man sieht es ihm nirgendwo an. Sportlich durch und durch, fährt er täglich viele Kilometer mit dem Rad zur Arbeit. Peter hat eine noch ziemlich kleine Tochter. Peter hat auch weißes Haar, doch das ist für mich keinesfalls Zeichen seines Alters, sondern dafür, dass er viel erlebt hat, viel weiß und viel an mich weitergeben kann.

Über Ruth habe ich geschrieben, sie sei der Schatten meiner Mutter. In Syrien versteht man darunter die Reflexion eines Menschen, die man an einem anderen Menschen entdeckt. Ruth ist so gütig wie meine Mutter, behandelt mich wie meine Mutter, liebt mich wie meine Mutter, sorgt sich um mich wie eine Mutter. Aber sie ist nicht meine Mutter. Wie ein Schatten, den die Sonne wirft, auch nicht Teil eines Menschen ist, aber zu ihm gehört.

Würde ich jetzt bei Peter sagen, er sei der Schatten meines Vaters, wäre das nicht richtig. Peter ist auf der einen Seite väterlich und auf der anderen Seite ein

Freund, und zusammen ist er ein väterlicher Freund. Wir sind uns alles andere als ähnlich. Im Gegenteil. Wir sind nicht nur zwei Generationen auseinander, sondern in sehr vielen Dingen völlig unterschiedlicher Meinung. Ob es nun um die Politik in Europa und im arabischen Raum geht. Oder um Kultur. Um Religion. Um unseren Lebensstil. Ganz egal. Wir diskutieren oft sehr heftig über diese Unterschiede, und doch streiten wir niemals. Peter begegnet mir zu jeder Zeit auf Augenhöhe. Er respektiert meine Ansichten. Ich respektiere seine.

Peters Freundin ist eine Freundin Ruths. So habe ich ihn kennengelernt. Seitdem gibt er mir ein besonderes Gefühl, das mit etwas wert sein zu tun hat. Wenn ich ihm im Garten helfe, dann wissen das bald schon auch seine Freunde. Wenn ich eine Lesung habe und erfolgreich bin, dann wissen das bald schon auch seine Freunde. Wenn ich mit meinem Vater über WhatsApp telefoniere und er sieht, dass ich auf dem Profilbild nach wie vor meine Lockenhaare habe und ich auf seine Frage, ob ich immer noch nicht beim Friseur war, verneine und er einfach auflegt, dann wissen das bald schon auch Peters Freunde. Peter erzählt es ihnen aus einem einfachen Grund: Er ist stolz auf mich.

Peter war der erste Mensch in Graz, der zu mir gesagt hat: »Danke, dass du da bist.«

Rituale sind etwas Wunderbares. Peter und ich haben auch ein gemeinsames. Mindestens einmal in der Woche machen wir etwas zusammen. Wir gehen eine Kleinigkeit essen. Oder etwas trinken. Wir tauschen uns über alles Mögliche aus.

Was ich von ihm am meisten bekommen habe und bekomme, ist Selbstvertrauen. Ich weiß noch, wie ich einmal mit ein paar syrischen Freunden vor einer Disco in Graz stand. Keiner von uns traute sich hinein. Wir hatten schreckliche Angst vor dem, was uns erwarten könnte. Wir hatten außerdem das Gefühl, der Türsteher würde nur darauf warten, uns rausschmeißen zu können. Deshalb wollten wir gar nicht erst hineingehen. Mehr als eine halbe Stunde lang standen wir draußen und diskutierten heftig, was wir tun sollten. Irgendwann fassten wir dann doch allen Mut und gingen hinein. Wir stellten uns in ein Eck und rührten uns nicht von der Stelle. Bis wir wieder gingen.

Heute, dank Peter, passiert mir das nicht mehr. Weil ich durch ihn eine große Sicherheit gewonnen habe. Mir fällt dann immer eine Geschichte ein, die mir mein Großvater als Kind erzählt hat. Sie handelt von drei Männern auf einer Baustelle.

Zwei sehen einem dritten dabei zu, wie er mit unglaublicher Sicherheit die Ziegel für eine Mauer aufschichtet. Er legt sie nicht hin. Er wirft sie. Und sie liegen immer perfekt an der richtigen Stelle.

»Wie macht er das?«, fragt der eine.

»Ich erzähle es dir am Abend«, sagt der andere.

Am Abend gehen die beiden zur Frau des Dritten. Als sie öffnet, sagt der eine Besucher: »Sie sind aber nicht die Frau unseres Freundes auf der Baustelle, oder? Die sieht anders aus.« Die Frau protestiert natürlich, doch der Mann besteht darauf. Sie gehen und lassen eine zornige Frau zurück. Am nächsten Tag sehen die beiden, dass ihr Kollege jeden Ziegel daneben wirft. Alles, was er anpackt, läuft schief.

»Weißt du nun, was ich meine«, sagt daraufhin der andere zum einen. »Bis gestern Abend war in seinem Leben alles in Ordnung. Zuhause, wo seine Heimat ist, ist es ihm gutgegangen. Er war im seelischen Gleichgewicht. Jetzt hat er Ärger mit seiner Frau und sein Gleichgewicht verloren.«

Peter ist Teil meines Gleichgewichts, das ich hier in Österreich gefunden habe. Er unterstützt mich, wo er kann, ohne mir das Gefühl zu geben, dass ich ihm etwas schulde. Er verhält sich nicht nur wie einer, der behauptet, ein Freund zu sein. Er ist einer.

Danke, Peter!

Haare

Wie könnte ich das jemals vergessen?

Es war ein paar Tage vor meinem Geburtstag. Ich betrat mit Freunden ein Lokal in der Grazer Innenstadt. Und im selben Moment begann eine von zwei jungen Frauen, die an einem kleinen Tisch saßen, zu kreischen. Und sie riss die Augen weit auf, schlug sich die eine Hand vor den Kopf und packte mit der anderen ihre Freundin am Arm. Als hätte sie in mir einen gesuchten Schwerverbrecher erkannt. Deshalb trägt dieses Kapitel diesen Titel. Nicht, weil es sich bei Haare vielleicht um einen seltsamen arabischen Namen handelt, der zufällig gleich geschrieben wird wie das deutsche Wort. Oder um einen geheimen Code. Sondern weil es bei der Reaktion genau darum ging: um meine Haare.

Meine Haare haben mich immer schon beschäftigt. Bevor ich nach Europa kam, waren sie die meiste Zeit meine Feinde. Dort, wo ich herkomme, gelten sie so, wie ich sie jetzt wieder trage, als unarabisch. Als unmännlich. Lange Zeit versuchte ich, gegen die Natur meiner Haare anzukämpfen. Ich gab in Damaskus viel zu viel Geld beim Friseur aus, damit er sie irgendwie glatt bekam. Und wenn es gelang, dann warf ich sie stolz mit dem Kopf hin und her. Weil sie so schön nicht-lockig waren und so schön durch die Luft flogen. Oder kerzengerade herabhingen.

Doch bald darauf waren sie wieder meine Feinde. Sie waren wieder lockig. Und sie waren hässlich. Darum fühlte ich mich auch in Österreich zu Beginn sehr unsicher. Auch meine Haare führten unter anderem dazu, dass die Menschen sofort die Frage der Fragen stellten und ich mit einer ehrlichen Antwort gleich in der arabischen Schublade verschwand. Wie in meinem Gedicht für den ersten *Poetry-Slam*:

Woher kommst du?
Ich komme aus Syrien.
Bitte?
Syrien.
Wo?
SYRIEN!

Darum hielt ich sie am Anfang meistens bedeckt. Geld für den Friseur hatte ich sowieso keines. Ich musste mit 150 Euro im Monat auskommen. Oder mit noch weniger. Also band ich die Haare nach hinten zu einem Zopf. Oder trug gleich eine Haube, die ich niemals abnahm. Auch nicht, wenn ich mich in einem geheizten Zimmer befand und stark zu schwitzen begann und alles nur noch juckte und schrecklich unangenehm war. Wie damals beim Sprachkurs im Kindergarten, als ich Alena und Ruth zum ersten Mal sah.

Irgendwann war mir das Herumgetue zu viel und ich gab den Kampf auf. Ich nahm die Haube ab und ließ die Haare Haare sein. Bis sie so waren, wie ich sie heute trage: ein riesiger Ballon schwarzer Locken. Genau so ging ich auch in das Lokal.

Wie die Geschichte mit der jungen Frau weiterging? Natürlich sah sie keinen Verbrecher in mir. Als Nächstes lachte sie mich aus breitem Gesicht an, und dann bat sie mich, ob sie einmal, nur einmal und auch nur ganz kurz, meine Haare anfassen dürfe. Meine Freunde neben mir konnten es kaum fassen.

Das ist mir seither sehr oft passiert. Bloß ohne Kreischen. Immer wieder kommen Leute auf mich zu, die meine Haare anfassen wollen. Auf der Straße. Im Bus. In Lokalen. Überall. Manche fassen sie auch an, ohne dass ich es zuvor erlaubt habe. Etwa im Gedränge in einer Disco. Und unangenehm wird es dann, wenn es sich um Betrunkene handelt. Aber zum Glück ist das die Ausnahme. Meistens sind es Frauen, die höflich darum bitten. Ab und zu sind es aber auch junge

Männer, die bei mir einmal fühlen wollen, und die meisten sagen gleich dazu:

»Nein, nein, ich bin nicht so einer.«

Inzwischen haben meine syrischen Freunde aufgehört, mich zu verspotten und auszulachen. Und sie sagen auch nicht mehr, sie würden Geld für mich sammeln. Für den Friseur. Einige denken sogar darüber nach, selbst die Haare wachsen zu lassen. Einer von ihnen steht nun oft vor dem Spiegel und zupft herum, um zu sehen, ob sie endlich länger und lockig geworden sind. Andere wollen, dass ich immer mitgehe, wenn sie unterwegs sind. Weil es dann für sie leichter sei, Kontakte zu knüpfen.

Mittlerweile haben meine Haare für mich echte Symbolkraft. Sie sind wie das frontale Aufeinanderprallen von zwei Kulturen auf einem einzigen Kopf. In Syrien ist eine Frisur wie meine nach wie vor ein Grund, einen Mann zu verachten, zu verhöhnen oder zu ignorieren. Oder eben, wie bei meinem Vater, ein Telefongespräch einseitig zu beenden. Niemand würde mich deswegen auf freundliche Art ansprechen. In Österreich, habe ich gelernt, kommt man mit besonderen Haaren besonders leicht ins Gespräch. Noch leichter geht es nur beim Gassigehen mit Hunden. Auch das wäre in Syrien undenkbar.

Auch wenn viele sagen, es sind vor allem meine Haare. Ich sage: Es ist auch mein offenes Lächeln, mit dem ich auf die Leute zugehe. Oder beides. Auch wenn die Haare manchmal eine Vorstellung in den Menschen erzeugen, die spätestens dann enttäuscht wird, wenn sie die Frage der Fragen stellen und mit der Antwort nicht umgehen können. Aber dazu später noch mehr.

Ich habe begriffen und akzeptiert, dass meine ehemaligen Feinde jetzt meine Freunde sind, weil sie mir den Weg in die Herzen öffnen und es danach ganz allein an mir liegt, diese Türen offenzuhalten. Durch das, was ich sage. Was ich tue. Was ich bin. Darum sage ich auch euch dort oben auf meinem Kopf:

Danke, Haare!

Nein, es ist nicht selbstverständlich

Ich kenne den Umgang mit Flüchtlingen seit meiner Kindheit. Ich selbst habe drei Flüchtlingswellen in meiner alten Heimat Syrien erlebt. Die erste war nach dem Irakkrieg im Jahr 2003. Viele Tausende flohen damals nach Syrien. Plötzlich waren sie alle da. Mitten in Damaskus. Sie waren leicht zu erkennen, denn ihre Haut ist etwas dunkler als unsere. Und ihre Aussprache, ihr Dialekt verrät sie ebenfalls. Ähnlich wie wenn ein Österreicher auf einen Deutschen trifft und der den Mund aufmacht. Oder auf einen Schweizer.

Es gab damals jedoch weder Lager noch Zeltstädte, Baracken oder Turnsäle, wo sie massenweise untergebracht wurden. Sie lebten mitten unter uns. Das hatte natürlich auch damit zu tun, dass die Iraker meist mit ausreichend Geld ins Land kamen. Sie konnten die Mieten selbst bezahlen. Trotzdem waren die Syrer stolz darauf, ihren Nachbarn in Not geholfen zu haben. Und viele spendeten auch Geld oder Kleidung für weniger Wohlhabende, stellten auch ihre Häuser zur Verfügung. Genau wie die Österreicher.

Lange hielt die erste Hilfswelle nicht an. Die Iraker wurden verantwortlich gemacht, dass die Preise plötzlich in die Höhe schossen. Mieten, Lebensmittel, alles wurde empfindlich teurer. Und auf den Straßen, auf den Märkten waren Sätze wie diese zu hören:

»Was? Zwanzig Lira für ein Kilo Tomaten? Seid ihr verrückt!?!«

»Bedank dich bei den Irakern. Die sind schuld.«

Zugleich gab es natürlich auch jene Syrer, die von Anfang an den Fremden im Land gegenüber auf Distanz gingen. Sie halfen nicht, mieden jeden Kontakt. Meine Tante zum Beispiel stand irgendwo mittendrin. Sie spendete Gewand und auch etwas Geld, aber dass Iraker in ihre Straße zogen? Nein, nein, da war sie strikt dagegen. Sie hätten, sagte sie, die gleiche Sprache und Religion und auch eine ähnliche Geschichte. Aber sie blieben, was sie seien: Fremde.

Einigkeit gab es auch darüber: Syrische Eltern waren entschieden dagegen, dass eines ihrer Kinder eine Irakerin, einen Iraker heiraten dürfe. In Damaskus holten Eltern in der gesamten Nachbarschaft Erkundigungen über Braut oder Bräutigam ihres Sohnes, ihrer Tochter ein. Erst dann stimmten sie zu. Bei den Irakern ging das natürlich nicht. Niemand wusste etwas über sie zu berichten. Zumindest nichts, was auch authentisch war.

Ich erinnere mich da an meinen Studienkollegen Ayham. Er erzählte mir von einem heftigen Streit mit seinen Eltern, der damit endete, dass sein Vater schrie: »Ja, verdammt, sie sind unsere Brüder! Trotzdem wirst du diese Jamila auf keinen Fall heiraten!« Jamila hatte einen entscheidenden Fehler: Sie war Irakerin.

Eine andere Schattenseite des Flüchtlingsstromes der Iraker war der Aufschwung der Prostitution. Frauen, die alleine geflohen oder mittellos waren, wurden die Pässe abgenommen. Danach mussten sie ihre Dienste verrichten. Kennt man das nicht auch in Europa? Schutz bei der Polizei oder von anderen offiziellen Stellen hätten sie nicht bekommen. Prostitution ist in Syrien streng verboten.

Die zweite Welle kam 2006. Nach dem Libanonkrieg zwischen Israel und der Hisbollah. Viele Syrer holten damals Libanesen von den Straßen zu sich in die Wohnungen. Baschar, unser damaliger Nachbar, quartierte sogar drei Familien bei sich ein, obwohl er mit Frau und Kindern selbst auf nur siebzig Quadratmetern lebte. Es gab sogar Restaurants, die hatten Schilder aufgestellt: »Gratis für Libanesen.« Das Mitgefühl schien grenzenlos, schließlich ging es auch gegen die Israelis, den gemeinsamen Feind aller Araber.

Die dritte Welle erlebte ich 2011. Diese Flucht hatte nur sehr kleine Distanzen zu überwinden. Im Fall meiner Eltern und Geschwister gerade mal acht Kilometer. Von unserem Haus hinein nach Damaskus. Dieses Haus, mein Elternhaus, von dem auch ich damals fliehen musste, um den Geheimdienstleuten von Diktator al-Assad zu entkommen, steht nicht mehr. Es ist völlig zerstört, und mit ihm all meine Kindheitserinnerungen, all meine Gedichte.

Die Mieten in Damaskus stiegen daraufhin massiv an, teilweise um das Fünffache. Auch die Preise für alles Übrige sind seither explodiert. Bei Lebensmitteln sogar um das Zwölffache und mehr innerhalb weniger Jahre. Es gab auch Gegenden, wo der Verkauf von Wohnungen oder Grundstücken an Fremde verboten war. Nicht per Gesetz. Aber es war eine Regel, die alle befolgten. Diese Fremden waren Menschen, die von nicht einmal zwanzig Kilometer Entfernung kamen. Mein Onkel, der selbst davon betroffen war, weil er flüchten musste, hatte einmal einen Streit mit seinem Vermieter, der plötzlich viel mehr Geld verlangte. Und der ihm auf seine Proteste mit einem arabischen Sprichwort antwortete:

»Ihr sitzt in unserem Schoß und zieht an unserem Bart.«

Palästinensische Straße. So heißt eine Straße in der Vorstadt von Damaskus, wo ich früher lebte. Wie der Name schon verrät, wohnten dort besonders viele Palästinenser. Sie lebten weitgehend normal in der syrischen Gesellschaft mit. Dennoch wurden sie ihren Ruf nicht los, dass sie gewalttätig und streitsüchtig wären. Also hatten die Menschen Angst vor ihnen und mieden sie. Obwohl die Syrer, wenn man sie auf der Straße fragte, prinzipiell auf der Seite der Palästinenser standen. Aber eben nur prinzipiell.

Auch von den Golanhöhen kamen Vertriebene in die Region von Damaskus. Sie wurden nicht offiziell als Flüchtlinge bezeichnet, weil sie nur innerhalb des Landes geflohen waren. Trotzdem blieben sie immer Fremde und werden auch heute so behandelt.

Ebenso ergeht es den Kurden, die aus dem Norden des Landes kommen. Sie haben meist keine syrische Staatsbürgerschaft, sind Menschen ohne Rechte, bekommen bloß die miesesten Jobs mit dem niedrigsten Status. Kellner ist in Syrien so ein Beruf. Sie werden benutzt, erhalten Hungerlöhne und dürfen auch nicht auf die Universität. Von alledem habe ich lange Zeit nichts gewusst. Niemand sprach darüber. Es war, als existierten diese menschenverachtenden Umstände nicht, und so erfuhr ich erst 2011 davon.

Warum ich Ihnen das alles erzähle?

Weil ich weiß, dass es nicht selbstverständlich ist, was Österreich und seine Menschen für mich getan haben und immer noch tun. Hier durfte ich ankommen und sein, hier durfte ich mich verlieben, hier habe ich eine Stimme bekommen, die auch gehört wird. Hier darf ich in Frieden und Freiheit leben, gleichwertig mit den Österreichern.

Ich bin der, der von ganz weit weg hierher geflohen ist. Mit einer anderen Zunge. Einer anderen Haut. Mit dunklen Augen und dunklen Haaren. Mit einer völlig anderen Kultur im Gepäck und einer anderen Religion und Geschichte. Trotzdem lässt man mir hier meine Würde, weil ich all das mitbringen durfte. Gerade die eigene Erfahrung mit Flüchtlingen in meinem Herkunftsland hat mir das bewusstgemacht. Hier, in Österreich, darf ich eine Ausbildung machen, bekomme Arbeit und habe sogar die Chance auf eine Karriere.

Ein syrischer Schriftsteller im Exil hat einmal auf Facebook gepostet: »Es ist eine Scheißwelt, in der du den anderen dankst, die ihre menschliche Pflicht ernst genommen haben. Sollte das nicht selbstverständlich sein?«

Ja und nein. Ich verstehe ihn gut, und trotzdem bin ich Österreich zutiefst dankbar dafür, dass dieses Land seine moralische und menschliche Pflicht ernst nimmt. Dass ich hier eine neue Heimat gefunden habe. Immerhin bin ich Araber. Und dort, wo ich es zuerst versucht habe, in den arabischen Ländern also, wollte man mich und viele meiner Landsleute nicht. Ein Studiogast in einer Fernsehsendung in Kuwait sagte einmal: »Die Syrer sind durch den Krieg in ihrem Land psychisch krank. Darum dürfen wir sie nicht aufnehmen. Sie zerstören unsere Gesellschaft.«

Ich musste acht Länder durchqueren, ehe ich in einem Land mitten in Europa aufgenommen wurde. Das ist keinesfalls normal und selbstverständlich. Von Syrern, die jetzt in einem der Golfstaaten leben, höre ich immer wieder, dass sie dort wie Untermenschen behandelt werden. Nicht einmal ein Drittel des üblichen Lohns für harte Arbeit. Und vieles mehr. Hier in Österreich ist das anders.

Mein Bruder lebt seit zwei Jahren in Istanbul. Mit ihm vergleiche ich mich immer wieder. Meine Situation und seine. Er ist einer Art neuem Sultan ausgeliefert. Dieser Sultan prahlt damit, dass Syrer in seinem Land keine Flüchtlinge, sondern Gäste wären. Und zugleich werden Syrer an der Grenze zur Türkei von Soldaten erschossen. Wir alle wissen, dass die zwei Millionen Syrer in seinem Land in Wirklichkeit keine Rechte haben und nur den Zweck erfüllen, die eigene Wirtschaft mit billigen Kräften anzukurbeln, eigene politische Ziele zu verwirklichen und dabei auf Europa Druck zu machen. Trotzdem gibt es reiche Syrer, die vorher Fabriken hatten und nun ihr Geld in der Türkei investieren. Die armen Syrer jedoch sind Erdoğans *Faustpfand*.

Wieder ein neues Wort, das ich gelernt habe.

Ähnlich schlimm ergeht es Syrern auch in Jordanien und im Libanon. Erst im Vorjahr wurden in einem Haus siebzig syrische Frauen entdeckt, die rund um die Uhr eingesperrt und zur Prostitution gezwungen worden waren. Entdeckt wurde dieser Kerker nur, weil einer Frau die Flucht gelang.

Das erinnert mich an eine Syrerin, die ich hier in Österreich kennengelernt habe. Sie wurde von ihrem Mann misshandelt, und sie bat mich um Hilfe. Sie lebte in schrecklicher Angst. Vor allem um ihre Kinder. Sofort konnte ich ihr eine Reihe von Stellen nennen, wo man ihr helfen würde. Frauenhäuser und andere Institutionen. In Syrien und anderen arabischen Ländern ist diese Art von menschlicher Hilfe undenkbar.

Auch das ist einer von vielen Gründen, warum ich die Freiheiten, die Österreich seinen Menschen bietet, vermutlich viel mehr zu schätzen weiß als jene, die hier geboren und aufgewachsen sind. Die Unzufriedenheit, die ich immer wieder erlebe, kann ich deshalb nur schwer verstehen. Und schon gar nicht teilen. Die Freiheit ist neben der Gesundheit das höchste Gut. Die Freiheit frei denken und sprechen zu können. Frei, so wie ich, Texte öffentlich vortragen zu können. Die Freiheit, Dinge zu sagen ohne Angst vor dem Mann an der nächsten Ecke. Weil du nicht weißt, wer er ist. Wem er es weitererzählt.

Längst ist Graz für mich so etwas wie die Partnerstadt von Damaskus geworden. Wenn ich am Abend auf dem wunderschönen Schlossberg stehe und hinunterblicke, sehe ich auch ein bisschen etwas von Damaskus. Vom alten Damaskus. Diese Stadt, für die ich bereit war, alles zu geben. Graz jedoch ist die Stadt, die mir viel gegeben hat, bevor sie mich überhaupt kannte. Hier, in Graz, habe ich das Gefühl von Sehnsucht nach Heimat wieder kennengelernt und zugleich das Gefühl von Angst verloren. Graz ist ein anderes Wort für Heimat. Und seine Heimat soll man beschützen. Aber auch teilen mit denen, die keine haben.

Ich weiß, dass viele Menschen sich vor mir fürchten. Vielleicht nicht vor mir persönlich, weil ich erstens körperlich nicht sehr furchterregend bin und auch freundlich auf die Leute zugehe. Aber sie fürchten sich vor dem, wofür ich stehe. Ich kann die Sorgen der Österreicher verstehen. Es ist noch lange keiner rechtsextrem, nur weil er Angst hat. Angst ist immer auch ein Zeichen von Unsicherheit. Und von Unwissen. Ein erstes Gespräch und die Bereitschaft, aufeinander zuzugehen, bewirken oft schon Wunder.

Einmal, beim Grillen, lernte ich eine Frau kennen, die ungefähr doppelt so alt war wie ich. Sie war sehr zurückhaltend, doch sie war auch neugierig. Ich konnte ihre Skepsis direkt auf meiner Haut spüren. Wie einen Windstoß in der Wüste, der heiße Luft heranträgt. Nach und nach begann sie, mir Fragen zu stellen. Zwei davon sind mir besonders in Erinnerung:

»Warum sind so viele alleinstehende junge Männer geflohen?«

Und nachdem ich ihr gesagt hatte, was ich glaubte, sagte sie:

»Wie kann ich helfen?«

Später, schon im Gehen, erzählte sie mir von den Bildern von Flüchtlingen, die sie immer wieder im Fernsehen, in den Zeitungen, im Internet gesehen hatte. Und dass diese Bilder so gar nicht zu dem passen würden, was sie an diesem Abend erlebt hatte. Ich war überglücklich, das zu hören. Und noch glücklicher war ich, als ich zwei Wochen später ein SMS von ihr bekam. Sie schrieb, dass sie alle 13 Syrer des Flüchtlingsheims in ihrer Nähe zu sich zum Essen eingeladen habe. Und dass es ein großartiger Abend gewesen sei. Sie hatte ihre Angst vor dem Unbekannten, vor dem Fremden überwunden und die Menschen hinter dem Wort Flüchtlinge erkannt. Etwas Schöneres gab es für mich in diesem Augenblick nicht.

Einmal sprach ich mit einem jungen Landsmann von mir über unsere Erfahrungen hier in Österreich. Und nachdem wir Positives, aber auch Negatives ausgetauscht hatten, fragte ich ihn:

»Was brauchst du am allermeisten?« Ich dachte dabei auch an materielle Dinge, doch er sagte: »Vertrauen.«

Genau dieses Vertrauen habe ich bereits ganz oft erhalten. Noch bevor ich die Möglichkeit bekam, etwas davon zurückzugeben. Durch Menschen, die mich auf der Straße einfach so anlächeln. Durch Menschen, die mir glauben, ohne viel von mir zu wissen. Durch Menschen, die mir zu Freunden geworden sind und hinter mir stehen. Durch Organisationen, die mich jederzeit unterstützen. Und letztlich auch durch Gesetze und eine Verfassung, die mir Sicherheit und Schutz gewähren.

Bei jenem Arzt, wo ich während meiner Sonnenkrankheit öfter war, hängt ein großes Plakat im Warteraum. Darauf zu sehen ist eine Gruppe von Menschen. Alle sind völlig verschieden. Ob Haut. Ob Haare. Ob Kleidung. Manche tragen auch Kopftücher. Auf dem Plakat steht: »Bei mir in der Praxis werden alle Menschen gleich behandelt. Egal, welcher Herkunft.«

Niemand gleicht einem anderen. Meinungen, Religionen, Bildung, Ziele, Ängste, Persönlichkeiten. Sie alle unterscheiden die Menschen völlig. Natürlich auch die Österreicher. Aber viele gleichen einander doch, weil sie jene Pflicht sehr ernst nehmen, die ihnen Moral und Menschlichkeit vorgeben.

Seit ich hier bin, denke ich oft darüber nach, wie ich Österreich und seine Menschen am besten in ein einziges Bild verpacken könnte. Ich werde dann gleich ein wenig pathetisch, vermutlich auch, weil ich verliebt bin, aber es ist und bleibt dieses eine Bild: eine wunderschöne Frau, die dich skeptisch ansieht, ein wenig zurückhaltend, doch dann, wenn du auf sie zugehst, zu lächeln beginnt.

Diesem Bild möchte ich mein Buch »Danke« widmen. Dem Bild der Frau, die mich anlächelt, mit der Hand meine zitternde Kehle berührt, um sie zu wärmen, und mir hilft, diese drei so wichtigen Worte auszusprechen:

»Liebe. Frieden. Freiheit.«

Der Handschlag

Es gibt Momente in meinem neuen Leben hier in Europa, die mich härter treffen als manches Grauen, das ich im Krieg in Syrien erleben musste. Es sind Augenblicke einer inneren Grausamkeit, und sie zählen zu jenen negativen Erfahrungen, die ich in mehr als drei Jahren in Österreich natürlich auch gemacht habe.

Nach meiner abenteuerlichen Reise von Syrien bis ins Burgenland blieb ich 16 Tage in Tirol. Eine Landschaft wie diese hatte ich noch nie gesehen, außer im Fernsehen, denn auch im arabischen Raum gibt es die Zeichentrickserie Heidi mit dem Ziegenpeter und dem Großvater. Genau so wie oben auf der Alm sah es rund um das Flüchtlingsheim aus, in das Firas und ich gebracht wurden. Hoch oben auf dem Berg. Weit und breit sonst nichts. Nur Berge und tief verschneite Wiesen.

Waren wir so gefährlich?

Wir fragten uns das immer wieder, denn anders konnten wir uns nicht erklären, dass wir viele Kilometer vom nächsten Dorf entfernt aufbewahrt wurden. Ich möchte keinesfalls undankbar erscheinen, doch in diesen etwas mehr als zwei Wochen hatte ich das Gefühl, zum zweiten Mal in meinem Leben meinen Namen verloren zu haben. Zuerst, in Damaskus, war ich die Sieben, und hier war ich der Flüchtling. Ein unerwünschtes Wesen ohne Identität. Der Fremde, vor dem die Gesellschaft in Angst lebt. Mit den Fingern schrieb ich auf Arabisch in den Schnee:

Wer bin ich?

Dann ging es ab in die Steiermark. Auf einer Liste fand sich auch Firas' und mein Name wieder, und mit 14 anderen fuhren wir per Bus nach Gratkorn. Ein Mann und zwei Frauen empfingen uns im Flüchtlingsheim an der Autobahn, und sie zeigten uns unsere Zwei-Zimmer-Wohnung, in die wir zu neunt einquartiert wurden. Der Leiter gab uns eine Liste, auf der eine Reihe von Pflichten und Verboten stand. Lächelnd streckte ich ihm die Hand entgegen, wollte ihm danken.

Er sah mich verächtlich an, steckte seine Hände so, dass alle es sehen mussten, in die Hosentaschen und ging fort. Meine acht syrischen Zimmerkollegen lachten mich aus, als sie mein Gesicht sahen.

Das war, was ich eingangs angesprochen habe: Jemandem den Handschlag zu verweigern, der in freundlicher Absicht kommt und sich bedanken will, zählt für mich zu den größten Demütigungen überhaupt. So heftig wie der Stich, den ich damals verspürte, stelle ich mir den Schmerz vor, wenn dir eine Messerklinge direkt ins Herz fährt.

Ich brauchte damals einige Zeit, um mich von dem Schrecken zu erholen. Weil ich unbedingt unter Menschen wollte, kaufte ich ein günstiges Fahrrad, um möglichst oft nach Graz zu fahren. Dort, hatte ich bald herausgefunden, waren sehr viele Menschen mit dem Rad unterwegs, und genau das wollte ich auch: unterwegs sein, unter Menschen, und Kontakte knüpfen.

Gemeinsam mit fünf Landsleuten, die alle am selben Tag so wie ich in Gratkorn ein Fahrrad gekauft hatten, fuhr ich nach Graz. Als wir an einer Ampel entlang der Mur hielten, kam mir plötzlich ein Mann entgegen. Er hielt mich auf, als ich gerade weiterfahren wollte, und begann, wie wild drauflos zu schimpfen. Ich hatte keine Ahnung warum, und ich verstand auch nicht, was er sagte. Ich verstand nur, dass er sehr wütend war und mich fest am Arm zog. In diesem Augenblick packte ich eines der wenigen deutschen Wörter aus, die ich bereits beherrschte:

»Entschuldigung!«

Wofür ich mich entschuldigte, wusste ich allerdings nicht. Vielleicht auch bloß dafür, dass ich hier und auf der Welt war. Erst als er mich losließ, merkte ich, dass wir von zahlreichen Leuten beobachtet worden waren. Das Echo seiner Schreie war noch lange in meinem Kopf.

Ein andermal, als ich schon längst bei Ruth und Alena in Graz wohnte, waren es meine Haare und mein Lächeln, die mich in eine Situation brachten, die ich lange nicht vergessen konnte. Ich spazierte durch die Herrengasse und hatte mich an diesem Tag besonders schick angezogen. Warum, weiß ich nicht mehr. Jedenfalls ging ich fröhlich dahin, und da kam mir ein Mann entgegen, der bestimmt schon siebzig oder älter war. Er war schon an mir vorbei, doch ich merkte, dass er mich im Vorübergehen genau betrachtet hatte. Instinktiv blieb ich stehen und drehte mich um, und auch er blieb stehen und drehte sich um. Gleich danach sprach er mich auf Englisch an.

»Sie können Deutsch mit mir sprechen«, sagte ich und lächelte stolz.

Er lächelte erfreut zurück, und schon nach kurzem lobte er mich für meine guten Sprachkenntnisse, weil er natürlich erkannt hatte, dass ich fremd in der Stadt war. Dann stellte er die Frage der Fragen:

»Woher kommen Sie?«

Inzwischen war mir diese Frage schon tausendmal gestellt worden, und ich hatte es mir zur Angewohnheit gemacht, ein kleines Spiel daraus zu machen, indem ich die Menschen raten ließ. Die meisten tippten von meinem Aussehen her zuerst auf Spanien oder Italien, und so kam ich mit den Menschen ins Gespräch. Mehr wollte ich nicht, denn danach lag es ja an mir, ob sie weiterhin mit mir reden wollten oder nicht. Inzwischen konnte ich auch ganz gut einschätzen, wie die Menschen auf mich reagierten, sobald sie wussten, woher ich tatsächlich kam. Im Prinzip gibt es vier Kategorien: Die Ersten sind jene, die beim Wort Syrien ein schlichtes »Hhmmhh« sagen oder auch: »Aha, interessant«, um sich im nächsten Moment wegzudrehen. Die Zweiten zeigen tatsächlich Interesse und verstricken mich sofort in politische Gespräche. Sie wollen dann einen Crashkurs von mir zur Lage in Syrien und dem gesamten Nahen Osten. Den Dritten ist es völlig egal, woher ich komme, sie sind manchmal sogar euphorisch und interessieren sich für mich als Mensch, sonst nichts. Und die Vierten beginnen, sich pauschal für alle Österreicher zu entschuldigen, mit denen ich schon schlechte Erfahrungen gemacht hätte oder bestimmt noch machen würde.

Doch zurück zu dem Spaziergänger in der Herrengasse. Ich spielte also mein Spiel, wollte ihn aber nicht lange zappeln lassen, weil ich es einem wesentlich älteren Menschen gegenüber als unhöflich empfand. Als er, wie erwartet, Spanien sagte, antwortete ich: »Leider nein.«

Leider, da mir eine innere Stimme sagte, dass dieses Leider bedeutete: *Leider für Sie*. Weil ich annahm, dass er enttäuscht sein könnte. Genau so war es. Als er Syrien hörte, verwandelte sich dieser gerade noch weltoffene, freundliche Mann in einen Roboter. Sein Gesicht war wie aus Stein, blutleer und starr, die Neugierde in seinen Augen war erloschen, und die Lippen wurden zu zwei schmalen Strichen, die fest aufeinanderlagen.

»Kennen Sie Damaskus?«, fragte ich und hoffte, ihn mit dieser und anderen einfachen Fragen doch noch im Gespräch halten zu können. Doch die Antworten, so ich welche bekam, waren nur noch einsilbig. Dann murmelte er etwas, das nach »Alles Gute« klang und ging Schritt für Schritt rückwärts von mir weg, ohne mich aus den Augen zu lassen. So als könnte ich jeden Moment auf ihn losspringen wie ein hungriger Zirkuslöwe auf den Dompteur.

Ähnlich erschreckend war für mich ein Erlebnis, das ich mit Freunden in Wien vor einem Lokal im 16. Bezirk hatte. Es war ziemlich kalt draußen und wir standen mit vielen anderen in der Schlange an, um eingelassen zu werden. Wir freuten uns auf einen lustigen Abend. Als wir an die Reihe kamen, fuhr der Türsteher uns an. »Nicht heute!« Zugleich stieß er mich ein Stück zurück.

»Warum?«, fragte ich und bemerkte, dass der kräftige Mann eine wesentlich dunklere Haut hatte als ich selbst.

»Nicht heute!«

Ich gab nicht sofort auf. »Warum? Wollen Sie unsere Ausweise sehen?«

Plötzlich stand ein zweiter Türsteher da und begann zu schreien: »Was diskutiert ihr?!? Versteht ihr nicht? Ihr sollt verschwinden! Das hier ist eine Familienparty!«

Ich sah mich erstaunt um, betrachtete die Menschen, die hinter uns warteten, und dachte an meine alte Heimat Syrien. Familienparty? Selbst in Syrien, wenn man alle sehr weit entfernten Verwandten dazuzählte, gab es kaum so große Familien. Ich überlegte noch einen Moment, doch dann ließ ich es bleiben. Ich spürte, dass meine Seele sich in diesem Augenblick ganz tief in mir verkrochen hatte. Sie war klein wie schon lange nicht mehr, und die Blicke aus der Menschenschlange, die auf mich und meine Freunde fielen, machten meine Seele noch kleiner.

Doch Vorfälle wie dieser sind, wie gesagt, zum Glück die Ausnahme. Wie auch, dass Menschen zutiefst beleidigt reagieren, weil ich kein Schweinefleisch esse. Als würde ich dadurch die österreichische Volksehre verletzen. Dabei wurde es mir einfach von klein auf so beigebracht. Ohne extrem streng religiös zu sein. Es ekelt mich auch nicht vor Schweinen, wie man von Muslimen oft hören kann. Es ist einfach eine Gewohnheit, und Gewohnheiten sollten niemals Grund zur Ausgrenzung oder prinzipiellen Abwertung sein. Österreicher essen wiederum keine Mäuse. Soll ich deshalb beleidigt sein, nur weil ich eine Schulkollegin hatte, die jede Art von Fleisch aß, sogar Mäuse?

Mein Großvater erzählte mir als Kind immer wieder eine Geschichte aus den USA. Dass dort die Diskriminierung früher so schlimm war, dass es häufig Schilder auf Türen gab, worauf geschrieben stand: Tiere und Schwarze verboten! Damals konnte ich nicht viel damit anfangen, begriff nicht, wie Menschen anderen Menschen so etwas antun konnten. Auf meiner Flucht aus Syrien lernte ich, dass die Flüchtlinge an die Stelle der Schwarzen gerückt sind. Bloß habe ich noch keine klare Antwort auf diese Frage: Wie sieht der Flüchtling aus, sodass er auf den ersten Blick als einer erkennbar ist? Dafür weiß ich, dass solches Verhalten vor allem mit Überforderung zu tun hat. Dass es diese Art von Ausgrenzung auf der Welt immer geben wird, doch dass es immer nur Minderheiten sind.

Sprache als Schlüssel zu den Herzen

Es klingt im ersten Moment vielleicht lächerlich und Sie könnten denken: Warum ist der Kerl so wehleidig? Doch dieser Stich ins Herz, von dem ich berichtet habe, weil mir der Leiter des Flüchtlingsheims voller Verachtung den Handschlag verweigerte, löste tatsächlich etwas in mir aus: Es machte mir klar, dass wir hier nicht nur nicht willkommen waren, sondern uns am besten in Luft auflösen sollten. Ich konnte es nicht mal persönlich gegen meine Person nehmen, weil ich womöglich etwas falsch gemacht hatte, für das ich bestraft wurde, nein, die Ablehnung richtete sich prinzipiell gegen einen wie mich. Gegen einen wie mich als der Ausländer, der ich war, als Fremder, als mittelloser Flüchtling, überhaupt als menschliches Wesen.

Wochenlang war ich wie apathisch. Ich lag die meiste Zeit nur auf meinem Bett, starrte Löcher in die Luft oder lauschte den Gesprächen der anderen. Die Spannungen zwischen uns wurden immer stärker, immer greifbarer. Neun Männer verschiedenen

Alters, jeder mit einer anderen Geschichte, jeder auf eine andere Art und in einem anderen Ausmaß traumatisiert, und sie alle den ganzen Tag auf engem Raum und ohne Möglichkeit, sich irgendwo mal für ein paar Stunden zurückzuziehen und für sich zu sein.

Da war zum Beispiel *Abu Ali,* fünfzig Jahre alt, der Frau und Kinder in Syrien zurückgelassen hatte und hoffte, sie bald nachholen zu können. Er stand jeden Tag früh auf, versuchte Deutsch zu lernen und sank abends resigniert auf sein Bett, weil er sich genau nichts gemerkt hatte. Er hatte in der Schule nie Englisch gehabt, beherrschte also die lateinische Schrift nicht. Wenn er nicht lernte, telefonierte er mit zuhause. Stundenlang. Er tat so, als wäre er gar nicht von seiner Familie getrennt, und versuchte sich auf diese Weise zu trösten.

Unter mir im Stockbett lag *Dschihad.* Dschihad ist auch ein arabischer Vorname, bekannt und verrufen ist das Wort auf der ganzen Welt aber nur, weil es mit *Heiliger Krieg gegen alle Ungläubigen* übersetzt und als solches von Extremisten auch benutzt wird, tatsächlich aber den *inneren Krieg eines Menschen* meint. Dschihad bedeutet, dass ein gläubiger Muslim immer versuchen soll, ein guter Mensch zu sein und ein Leben in Frömmigkeit, Frieden und Respekt für andere zu führen. Jener Dschihad, von dem ich hier erzähle, war in Syrien Abteilungsleiter bei einer großen Firma. In Österreich tat er anfangs nichts anderes, als im Bett zu liegen und zu naschen, was wir vom Roten Kreuz geschenkt bekamen. Chips, Schokolade, das meiste abgelaufen, aber immer noch gut. Danach putzte er sich im Bett die Zähne und suchte auf irgendeiner Liebes-App nach einer Frau.

Abu Schahb dagegen war den ganzen Tag schlecht drauf. Er war äußerst gereizt, wurde bei jeder Kleinigkeit aggressiv gegen uns und drehte manchmal auch durch. Er suchte nach Streit. Also ging ich ihm so gut ich konnte aus dem Weg. Und dann erzählte Firas eines Tages, dass Abu Shahbs Eltern an diesem Morgen bei einem Attentat in Syrien ums Leben gekommen waren. Von da an sprach er eine Woche lang kein Wort. Er hätte genau jetzt unsere Hilfe gebraucht, doch wir alle waren selbst sehr angespannt und hilflos, und so distanzierten wir uns völlig von ihm, anstatt ihm Trost zu spenden.

Bei allen Unterschieden hatten wir aber auch Gemeinsamkeiten, und die sahen so aus: Wir hatten gemeinsam nichts zu tun, mussten uns gemeinsam darauf einstellen, viele Monate auf einen Asylbescheid zu warten (vielleicht sogar Jahre), hatten gemeinsam keine Perspektive und gemeinsam keine Hoffnung, weil wir gemeinsam nutzlos und gemeinsam unerwünscht waren. Wozu überhaupt noch in der Früh aufstehen? Wozu duschen? Wozu überhaupt weiterleben? Und: Wozu diese schwere Sprache Deutsch lernen?

Nein! Stopp! Denn eines erkannte ich dann doch: Genau das war der entscheidende Punkt. Für alles, was ich in diesem Land schon bekommen hatte und noch zu bekommen hoffte, musste und wollte ich möglichst viel zurückgeben. Ich hatte anfangs keine Idee, wie das gehen sollte, doch ich begriff, dass es nur einen Weg gab, meine Dankbarkeit jemals zeigen zu können: *Die Sprache ist der Schlüssel zu den Herzen der Menschen. Ich musste Deutsch lernen.* Und das so schnell wie möglich.

Eines Morgens kam Gerda, eine Angestellte des Flüchtlingsheims, bei ihrem Kontrollgang vorbei, warf einen Blick ins Bad, dann in die Küche, sah grimmig drein und begann zu schimpfen: »Hier in der Ecke müsst ihr besser putzen! Die Fenster sind auch nicht sauber! Kocht ihr die ganze Zeit, weil es so ausschaut?«

Ich musste innerlich lachen. Was dachte sie denn? Sie sprach von neun Männern, die alles andere als

Freunde waren (ausgenommen Firas und ich), die nichts verband (wenigstens nichts Positives) und von Haushalt nur wenig bis gar keine Ahnung hatten. Jeder machte sein eigenes Frühstück. Jeder kochte sein eigenes Mittag- oder Abendessen. Das Resultat war, was sie zu sehen bekam.

»Ach ja«, sagte Gerda abschließend. »Ihr bekommt heute Besuch. Irgendwer von einer Organisation. Nein, nicht die Caritas. Irgendwer anderer. Sie wollen schauen, wie es euch geht, und ob ihr was braucht.«

Plötzlich ging ein Ruck durch uns. Plötzlich hielten alle neun zusammen, weil jeder die Chance erkannt hatte. Jeder machte im Kopf seine eigene Liste, auf der sich alle Hoffnungen spiegelten: ein Deutschkurs, frische Bettwäsche, die Möglichkeit, Freunde zu gewinnen. Wie auch immer das funktionieren sollte.

Den ganzen Vormittag putzten wir wie die Verrückten. Gemeinsam. Brachten die Räume auf Hochglanz. Jeder zog sein schönstes Gewand an, ich selbst gelte auch noch mein Haar. Punkt 14 Uhr standen ein Mann und zwei Frauen (eine Dolmetscherin und eine Psychologin namens Maria) vor der Tür. Und mit ihnen der Leiter des Flüchtlingsheimes, der auf einmal jedem von uns die Hand schüttelte und uns freudig mit »Hallo, meine Freunde!« begrüßte.

Bei dem Gespräch kam nicht viel heraus. Wir sollten uns selbst einen Deutschkurs organisieren, die Kosten würden übernommen. Wie sollten wir das machen? Wir hatten keine Ahnung, was da zu tun war. Danach wurden noch Fotos mit uns gemacht.

Es war dies das erste, aber nicht das letzte Mal, dass wir von Menschen Besuch bekamen, die Fotos mit uns machten und sich danach nie wieder blicken ließen. Den Mann dieser Organisation zum Beispiel (ich weiß den Namen nicht mehr) traf ich später zufällig im Supermarkt. Ich ging hin, wollte mich bedanken, doch als er mich sah, drehte er sich rasch um und verschwand.

Nur Maria, die Psychologin, half uns wirklich. Wir luden sie nach dem *offiziellen Teil* zu uns in die Wohnung auf einen Tee ein. Tarek verriet sie, nachdem er lange mit seiner Frage gezögert hatte, die Adresse einer guten Diskothek, weil wir endlich mal rausmussten. Wir waren junge Leute, und uns fiel die Decke auf den Kopf. Und mir gab Maria die Anschrift einer Bibliothek, nach der ich gefragt hatte. Bibliotheken, hatte ich gedacht, waren gut, um zu lernen. Und außerdem hoffte ich, dort Menschen zu treffen.

Tags darauf stand ich mit einem schon etwas besseren Gefühl auf. Ich motivierte mich, sagte mir, während ich den Teig für das Brot zum Frühstück machte: Du bist jetzt zwei Monate hier. Bald bekommst du deinen Bescheid. Und bis dahin versuchst du, so viel Deutsch wie möglich zu lernen.

Ich war überrascht von mir, doch noch mehr von Firas, weil ich ihn drei Stunden lang überreden musste, mit mir zum nächsten Fahrradgeschäft zu gehen. Bevor wir uns endlich auf den Weg machten, lernten wir noch ein paar Phrasen auswendig, die wir zu brauchen glaubten. Sätze wie: »Grüß Gott!« oder »Wie viel kostet?« oder »Wir sind Flüchtlinge«, und natürlich, weil das für uns selbstverständlich war: »Verhandeln!«

Der Verkäufer war genauso verwundert wie wir, als wir den Preis drücken wollten. Er, weil wir wollten. Und wir, weil er nicht wollte. Woher hätten wir wissen sollen, dass so etwas hier nicht üblich war? Schließlich wurde in arabischen Ländern jeder seltsam angesehen, der nicht verhandeln wollte. Selbst wenn es nur um ein Kilo Tomaten ging. Am Ende waren wir sehr stolz, denn wir hatten anstelle von 130 nur 85 Euro pro Rad bezahlt.

Begeistert strampelten wir zum Jakominiplatz, tranken einen Kaffee. Und waren sofort wieder auf dem Boden der Realität angelangt, als wir einen Syrer trafen, der uns erzählte, bereits seit mehr als neun Monaten auf seinen Asylbescheid zu warten.

Zurück im Heim, setzte sich die gedrückte Stimmung fort. Abu Shahb lag tränenüberströmt im Bett. Abu Ali hatte ein versteinertes Gesicht, weil die Stadt, in der seine Familie lebte, von Truppen der Regierung umzingelt war. Nicht einmal Lebensmittel oder Medikamente kamen durch zu den Menschen. Und Dschihad naschte wie üblich und tippte abwechselnd wie wild aufs Handy, diesmal auf der Dating-Plattform Tinder. Auch Firas' Stimmung sank in den Keller, nachdem er mit seiner Mutter telefoniert hatte. Über Damaskus habe es heute besonders stark geregnet. Damit waren Assads Bomben gemeint.

In dieser Nacht plagte mich der Alptraum, dass ich von der syrischen Armee eingezogen wurde. Als ich am Morgen aus der Dusche stieg, kam ich an jener Abstellkammer vorbei, in die Abu Ali sich zuletzt immer zurückgezogen hatte, um in Ruhe erst aus dem Koran zu lesen und danach ein paar Wörter Deutsch zu lernen. Er tat dies, indem er die Wörter in sein auf Aufnahme gestelltes Handy schrie und sie sich danach anhörte. Als ich an der Abstellkammer vorbeikam, hatte ich immer noch das Lied im Kopf, das ich im Bad gesummt hatte und das von einer friedlichen

Revolution gegen Diktator al-Assad handelte. Dann sah und hörte ich Abu Ali. Er schrie ins Display: »Sagen! Sagen! Sagen!«

Ich machte Kaffee, bekam zufällig den Zettel mit der Adresse in die Hand, den Maria mir gegeben hatte, und beschloss, in die Bibliothek nach Graz zu fahren. Doch dann sah ich in Gedanken wieder Abu Ali vor mir. Ich sah seine Besessenheit, mit der er versuchte, wenigstens ein paar Brocken Deutsch zu lernen. Und so ließ ich meinen Plan fallen und rief stattdessen YouTube auf.

Bald schon entdeckte ich die Videos eines gewissen Hassan Ismail. Sie waren sehr kurz und behandelten die wesentlichen Elemente der deutschen Grammatik. Im Ersten fand ich eine Reihe wichtiger Vokabel, das nächste war über die Personalpronomen: *Isch, isch, isch*, rief ich in mein Handy.

Es bereitete mir großen Spaß. Und plötzlich bekamen meine Tage Struktur. Gleich nach dem Frühstück machte ich mich ans Lernen auf YouTube. Sechs, sieben Stunden. Von Montag bis Sonntag. Und auch wenn ich am Anfang das Gefühl hatte, dass es mir wie Abu Ali ging und die Worte des Tages am Abend wieder ein einziger Nebel waren, auch wenn die Verzweiflung oft groß war, gab ich nicht auf. Dort wo mein Landsmann am Morgen saß, saß ich am Abend: in der Abstellkammer. Und täglich nahm ich mir zwanzig deutsche Verben vor und rief sie auf den Speicher meines Telefons.

Eines Tages beschloss ich, endlich zur Bibliothek in Graz zu fahren. Auf dem Weg dorthin hörte ich über Kopfhörer die ganze Zeit Wörter, die mit meiner alten Heimat zu tun hatten: Krieg. Freiheit. Frieden. Demonstrieren. Volksrevolution. Und als ich die Stadt erreichte, war mein Akku leer. Ich stand in der immer noch fremden Stadt mit einem Zettel in der Hand und war drauf und dran, wieder zu verzweifeln. Doch da fiel mir das arabische Sprichwort ein, das meine Mutter mir oft vorsagte, wenn ich einen Weg vor mir hatte, den ich nicht kannte:

Wer eine Zunge hat, verläuft sich nicht.

Also tat ich, was ich mich zuvor nicht getraut hatte, weil ich Angst hatte, man könnte mich auslachen oder schimpfen: Ich kramte die wenigen Brocken Deutsch zusammen und sprach auf der Straße eine wildfremde Frau an.

»Grüß Gott. Wie geht es dir?«

Ich wusste da auch noch nicht, dass niemand in Österreich einen Wildfremden grüßen und zugleich fragen würde, wie es ihm gehe. In Syrien war das nicht nur normal, sondern so etwas wie eine Pflicht. Es nicht zu tun, war für den anderen beleidigend.

Die Frau sah mich erstaunt an, lachte. »Gut, danke«, sagte sie.

Und obwohl sie mir keine Gegenfrage stellte, rief auch ich: »Gut, danke!« Dann suchte ich nach dem Zettel mit der Adresse, hielt ihn ihr hin und sagte: »Wann?«

Wieder sah sie mich erstaunt an.

»Ah, wo!«, rief ich nun.

Wieder lachte die Frau. Und dann zeigte sie mir nicht nur den Weg, sie brachte mich auch bis vor die Haustür der Bibliothek. Und erst nachher bemerkte ich, dass wir die ganze Zeit so etwas Ähnliches wie ein Gespräch geführt hatten. Mit allen Mitteln. Händen. Füßen. Zungen. Augen. Nur in die Bibliothek hinein traute ich mich dann nicht mehr. Da waren auf einmal zu viele Menschen. Also fuhr ich wieder zurück nach Gratkorn.

Am Abend gab ich bei den Burschen im Heim gewaltig damit an, dass ich mich mit einer echten Grazerin unterhalten hätte. Und dass wir uns sogar angefreundet und ich ihre Telefonnummer bekommen hätte. Firas hatte nur ein knappes »Okay« für mich, und Dschihad wollte bloß wissen, ob sie hübsch war.

Ein Dritter, was genau ich mit ihr gesprochen hätte. Jedes Detail.

Auch wenn sie mir nicht glaubten und mich verspotteten, wusste ich doch: Das würde eines meiner wichtigsten Mittel werden, um die fremde Sprache zu lernen. Von da an nutzte ich jede Gelegenheit, mit Menschen in Kontakt zu kommen. Nein, ich schuf diese Gelegenheiten, indem ich zum Beispiel nach der Uhrzeit fragte, obwohl ich genau wusste, wie spät es war. Oder nach dem Weg, obwohl ich ihn kannte. Oder ich fragte nach Adressen, zu denen ich gar nicht wollte. Oder nach einem Feuerzeug, um mir eine Zigarette anzuzünden, obwohl ich eines in der Tasche hatte. Jeden Tag lernte ich weiterhin auf YouTube, und jeden Tag fuhr ich mit dem Rad zu den Menschen, um mir irgendwas Neues einfallen zu lassen, nach dem ich fragen konnte. Dass dabei manchmal Sätze herauskamen wie: »Können Sie mir meinen Blinddarm zeigen?«, durfte mich nicht stören.

Es war interessant, doch mit der Zeit entstand innerhalb unserer Gruppe eine Art Konkurrenz, wer beim Deutschlernen die größeren Erfolge erzielte. Einige hatten sogar begonnen, heimlich Extraschichten einzulegen, um besser als die anderen zu sein. Firas ertappte ich mehr als einmal dabei, dass er Kollegen ausbesserte, wenn sie ein Wort falsch aussprachen oder einen falschen Fall oder eine falsche Zeitform verwendeten. Und auch Dschihad legte plötzlich großen Fleiß an den Tag. Er hatte den Traum, Arzt zu werden, ging deshalb auch immer mit einer Tasche herum, wie Hausärzte sie verwenden. Als sein Traum platzte, sattelte er auf Krankenpfleger um. Doch auch daraus wurde nichts, er bekam keinen Ausbildungsplatz. Heute arbeitet er in einer großen Fabrik.

Auch den Tipp, mir Hollywood-Filme mit deutscher Synchronisation anzusehen, befolgte ich. Ich erwischte gleich zu Beginn einen Film, aus dem ich nichts als Schimpfworte lernte. Einige Wörter verstand ich nicht, merkte sie mir aber, und als ich Österreicher fragte, was sie bedeuten, merkte ich rasch, wie peinlich das war.

Sehr peinlich war auch der Vorfall kurz vor einer Lesung, zu der ich nach Schärding eingeladen wurde. Ich sprach damals schon einigermaßen Deutsch, und vor dem Eingang traf ich zwei einheimische Mädchen, die mir gefielen und in Begleitung eines Afghanen waren. Ich wollte sie unbedingt überreden, zu meiner Lesung zu kommen und nicht zu einer anderen Veranstaltung zu gehen, wie sie gesagt hatten.

»Wie kann ich euch verwöhnen?«, fragte ich. An ihren Blicken merkte ich, dass ich das falsche Verb erwischt hatte. »Entschuldigung!«, rief ich sofort, weil auch ich den Fehler bemerkte: »Ich wollte sagen: Wie kann ich euch verführen?«

Jetzt lachten beide schallend, und ich begriff erst viel später, was ich gesagt hatte. Trotzdem: Ich war auf dem richtigen Kurs. Jeder neue Kontakt, jedes neue Gespräch machte mich sicherer auf meinem Weg, Österreich etwas zurückzugeben, auf meinem Weg zur Integration. Und je mehr ich geben konnte, je mehr bekam ich. Das ist wie bei einem einzelnen Schneeball, der einen Hang hinabrollt und zur Lawine wird. Obwohl ich lange Zeit keine Ahnung hatte, was das sein soll: eine Lawine.

Doch was ist das eigentlich genau? *Integration*?

Es gibt unendlich viele gescheite und weniger gescheite Aussagen zu dem Thema. Die Spruchsammlungen sind voll davon. Ein Aphorismus, er stammt von der Pädagogin und Wissenschaftlerin und Wortspielerin Marina Zuber, gefällt mir da besonders:

Integration passiert genau dann, wenn die Nationalität keine Rolle mehr spielt.

Und ebenso gern mag ich den Satz meines Großvaters, den ich in diesem Buch schon einmal erwähnt, viele Jahre lang aber nicht richtig begriffen habe:

Baue in jeder Stadt, in der du auf deinem Weg vorbeikommst, ein Haus.

Heute weiß ich, dass es Häuser ohne Ziegel oder Beton sind. Sie bestehen allein aus Offenheit, Liebe und Freundschaft. Und noch ein Satz zu meiner eigenen Integration: Der Beweis, dass es mir gelungen ist oder dass ich auf dem besten Weg bin, ist ein Video, das auf Facebook mehrere Tausend Likes erhalten hat. Es zeigt:

Omar Khir Alanam hat Skifahren gelernt.

Experten. Solche und solche

Was braucht der Mensch für ein kleines Stück vom Glück?

Ein Dach über dem Kopf, das er mit Freude und Stolz sein Zuhause nennt. Menschen, Freunde, mit denen er sich in derselben Sprache verständigen kann, die ihn zum kleinen, aber festen Teil einer Gemeinschaft machen, ihm einen Platz in der Gesellschaft sichern. Und eine Arbeit, eine Aufgabe, die ihm Geld zum Überleben und außerdem das Gefühl gibt, etwas Sinnvolles zu leisten und gebraucht zu werden.

Ja, klar, werden Sie nun sagen. Das ist doch selbstverständlich. Wie soll man ohne alledem überhaupt ein lebenswertes Leben führen?

Mit den Experten in Sachen Integration ist es wie mit den Fußball-Nationaltrainern. Jedes Land hat genauso viele wie Einwohner. Jeder weiß, wie es am besten ginge. Dann gibt es die, die tatsächlich den Status haben, dass sie es wissen sollten oder müssten, dabei aber oft nur viel heiße Luft von sich geben. Allen voran die Spitzenpolitiker. Regelmäßig präsentieren sie den Menschen immer neue Ideen, wie es endlich klappt mit der Integration von Zuwanderern. Unter ihnen gibt es aber auch solche, die überhaupt jede Zuwanderung ablehnen, weil es ihnen Johlen und Klatschen im Bierzelt und Stimmen am Wahltag bringt. Dann gibt es die, die sich ernsthaft Gedanken machen, die in Kommissionen zusammenkommen und ein Modell nach dem anderen entwerfen. Dann gibt es die, die diese Modelle umsetzen müssen und oft genug scheitern, weil es eben nur in der Theorie tolle Modelle sind. Und dann gibt es ein Heer von Freiwilligen, die ihr eigenes Ding machen, die sich aufopfern und alles selbst organisieren.

Was von offizieller, also staatlicher Seite kommt, sind Dinge wie: ein Integrationsjahr mit verpflichtenden Sprach- und Wertekursen. Zu diesen Werten gehört auch, die Regeln eines liberalen Rechtsstaates anzuerkennen, etwas, was viele Flüchtlinge aus ihrer alten Heimat nicht oder nur am Rande kennen und erst lernen müssen. Oder, dass religiöse Gebote nicht über den Gesetzen eines Landes stehen dürfen. Oder dass Integration nicht nur Nehmen, sondern zu einem großen Teil auch Geben bedeutet. Weil Integration nicht bedeuten kann, an einem Ort sein zu dürfen und dafür Mindestsicherung zu beziehen.

Keine Frage. Vieles davon ist richtig, sinnvoll und notwendig, um die Gesellschaft nicht noch weiter zu spalten und ein Miteinander in Frieden und Respekt für den anderen mit all seinen Ansichten und Lebensweisen zu ermöglichen, die einem schon mal seltsam erscheinen können.

Bei anderen Ideen aber, über die auch laut nachgedacht wird, läuft es mir eiskalt den Rücken runter. Wenn ich etwa höre, dass ein Innenminister daran denkt, Flüchtlinge in Lagern zu konzentrieren. Sollte das nicht ein für alle Mal Geschichte sein? Und wenn derselbe Innenminister sagt, Asyl bedeute nur Schutz auf Zeit, bis sich die Situation im Herkunftsland geändert hat.

Wer legt fest, wie sicher ein Land plötzlich wieder ist? Vor allem wie sicher es für dich als Betroffener ist? Wo doch jeder Einzelne mit seiner ganz besonderen Geschichte auch auf ganz besondere Weise Angst vor Verfolgung hat und Schutz braucht? Welchen Sinn sollen Versuche von Flüchtlingen sich zu integrieren dann überhaupt haben, wenn sie nicht wissen, ob sie ein, zwei, fünf oder zehn Jahre bleiben dürfen? Oder doch für immer? Wie soll man auf so einer Ungewissheit ein neues Leben aufbauen? Wie soll man sich in so einer Ungewissheit motivieren, Sprache und

Werte einer fremden Gesellschaft zu den eigenen zu machen?

Natürlich bin ich kein Experte in diesen Dingen. Würde ich behaupten, ich hätte das perfekte Rezept zur Lösung aller Integrationsprobleme ... was wäre ich für ein Lügner! Und natürlich würde ich auch niemals ein Land wie Österreich kritisieren, in dem so viele fantastische Menschen leben, die ohne zu zögern bereit sind, Menschen wie mir zu helfen. Worin ich jedoch Experte bin, ist im Erleben. Also darin wie es einem ergeht, wenn man seine geliebte Heimat verlassen muss, wenn man auf der Flucht ist und weit weg von Familie und Freunden landet. Und ich weiß, was für einen Menschen in so einer Situation am allerwichtigsten ist, damit er ein Mensch bleiben darf. Womit ich wieder bei den drei Punkten angelangt bin, die ich am Anfang angesprochen habe:

Ein Zuhause. Die Sprache. Eine Arbeit.

Ich weiß es aus meiner eigenen Community: Eine Wohnung zu finden, bedeutet für einen Flüchtling das allergrößte Problem. Auch mit einem positiven Asylbescheid in der Tasche. Viele wollen an Ausländer gar nicht vermieten, weil sie Sorge um ihr Eigentum haben. Oder sie verlangen so enorm hohe Mieten, Kautionen, Provisionen, dass du es dir auf keinen Fall leisten kannst. Oder nur, wenn du dich auf alle Zeiten verschuldest. Erfolgreiche Integration aus Sicht des Flüchtlings muss bedeuten, dass man sein Bestes gibt und so schön langsam einen Aufstieg macht. Auch sozial. Aber wie soll man aufsteigen, wenn einem der Einstieg so gut wie unmöglich gemacht wird?

Natürlich suchen Flüchtlinge also ihren Platz zum Leben dort, wo es am billigsten ist. Und natürlich treffen sie dort auf Ihresgleichen. Sie leben dann wieder nur unter Landsleuten, sprechen wieder nur ihre Muttersprache. Das ist nichts Neues, ist alles längst bekannt. Trotzdem wird seitens der Politik kaum etwas getan, um die Bildung dieser Ghettos und Parallelkulturen zu verhindern. Manchmal scheint mir fast, als würde es mit Absicht geschehen. Um die schlechte Stimmung im Land weiter anzuheizen, weil man auf diese Weise recht leicht politisch erfolgreich sein kann.

Ich habe darüber gelesen, was vor zwanzig, dreißig Jahren bei der Integration der Türken in Österreich versäumt wurde. Dasselbe könnte jetzt bei den Syrern und Afghanen passieren, die ja aktuell die größte Gruppe von Flüchtlingen darstellen. Wie es laufen kann, möchte ich Ihnen an einem Beispiel aus meinem eigenen Bekanntenkreis zeigen:

Sein Name ist Ayham. Er ist Syrer wie ich und 21 Jahre alt. Ayham will nicht wie viele andere nach Wien. Er weiß genau, was ihn dort erwartet. »In Wien«, sagte er mir eines Tages, »würde ich nur wieder unter Syrern leben. Ich rede mit Syrern, kaufe bei Syrern ein, gehe in ein syrisches Restaurant. Ich werde die deutsche Sprache nicht verwenden und deshalb auch nicht brauchen. Wozu also lernen?«

Deshalb ging Ayham nicht nach Wien, machte sich lie-ber im viel kleineren Graz auf die Suche nach einer eigenen Wohnung. Ayhams Plan war klar: Er wollte unter möglichst vielen Österreichern leben. Er tat, was er konnte, suchte in der ganzen Stadt Wohnungen oder WGs. Trotzdem lebt er heute in einem Haus, wo nur eine einzige Einheimische wohnt. Und die macht mit ihrem Kind an der Hand einen weiten Bogen um alle, also auch um ihn, sobald sie ihn sieht. Weil diese Frau Angst hat vor der *Übermacht an Ausländern.* Und weil er, wie Ayham sich sicher ist, automatisch als Verbrecher angesehen wird. Oder zumindest als Gefahr. Die dunklere Haut. Der Bartansatz. Und so weiter.

So wie ihm ergeht es Tausenden anderen auch.

Nun zur Sprache. Ich weiß noch, wie wir im Flüchtlingsheim innerlich gejubelt haben, als es eines Tages hieß: Ihr bekommt einen Deutschkurs. Der sah so aus, dass man uns in zwölf (!) Stunden alles Wesentliche beibringen wollte. In einem Lernzimmer, das nur geöffnet wurde, wenn unsere Trainerin kam. Ansonsten konnten wir uns bekanntlich nirgendwohin zurückziehen, um eigenständig zu lernen.

Wir waren zwanzig Flüchtlinge, die unterrichtet werden wollten. Ein paar konnten Englisch, viele jedoch nicht einmal die lateinische Schrift. Sie mussten also erst alphabetisiert werden. Mehr Angebot als diese zwölf Stunden gab es aber nicht. Die Lehrerin war ja selbst völlig überfordert mit der Situation. All diese unterschiedlichen Menschen mit all diesen unterschiedlichen Sprachniveaus. Nach der vierten Einheit beschloss ich, dass es verlorene Zeit war. Und begann, auf eigene Faust Deutsch zu lernen. Bis ich Ruth und Alena bei dem Kurs im Kindergarten traf.

Dabei muss ich aus meiner Erfahrung sagen, dass es keinen Sinn macht, allen dieselben Kurse anzubieten. Für die einen ist es ein Leichtes, Deutsch zu lernen, weil sie etwa in Damaskus selbst schon zwei Fremdsprachen gelernt haben und, wie viele Syrer, über eine recht hohe Bildung verfügen. Für andere ist jedes einzelne Wort wie ein mächtiger Berg, den sie kaum besteigen können. Trotzdem sitzen sie nebeneinander im selben Kurs.

Kinder, weiß man, lernen am leichtesten. Sie schaffen es spielerisch, sich in einer neuen Sprache zurechtzufinden. Menschen wie Abu Ali wiederum (Sie erinnern sich? Der Mann im Flüchtlingsheim, der immer in sein Handy schrie?) haben eigene Bedürfnisse und Nöte. Er gehört der Generation zwischen 35 und 55 an und tut sich schwer damit, Deutsch zu lernen. Vor allem die Grammatik mit den Fällen plagt ihn. Abu Ali sagte mir einmal (lange nach seiner Zeit im Heim), dass das, was er in einem Kurs gelernt habe, nicht Deutsch gewesen wäre. Das hatte damit zu tun, dass er Arbeit gefunden hatte und dort ausschließlich die Art von Deutsch gesprochen wurde, die man von Baustellen kennt.

Ganz andere Bedürfnisse dagegen haben ausländische Frauen mit Kindern, insbesondere, wenn sie Kopftücher tragen. Viele sind alleinerziehend, kommen kaum außer Haus außer zum Einkaufen. Manche erzählen mir, sie sehnen sich nach Möglichkeiten, mit Österreichern in Kontakt zu kommen, wo sie ihre Kinder mitbringen können. Zum Beispiel in Vereinen oder bei Veranstaltungen oder anderen regelmäßigen Treffpunkten. So jedoch fühlen sie sich zunehmend einsam und ziehen sich noch weiter zurück.

Und besonders schlimm ist die Lage für jene Flüchtlinge, deren Chancen, Asyl zu erhalten, vom Staat als *nicht besonders hoch* eingeschätzt werden. Für sie bleibt nur die Hoffnung, dass sie in einen der privat organisierten Deutschkurse kommen. Doch die sind natürlich völlig überfüllt, die Wartezeiten betragen viele Monate.

Viele Monate. Das Stichwort, mit dem wir bei den Asylbescheiden angelangt sind. Ich selbst kenne Fälle, die bereits wesentlich länger als ein Jahr dauern. Manche sogar mehr als zwei Jahre. Während dieser Zeit dürfen Asylwerber keiner normalen Arbeit nachgehen wie andere auch. Kaum etwas ist schlimmer, kaum etwas tötet die Seele stärker ab als das Nichtstun. Nichtstun, warten müssen und dazu täglich die schlechten Nachrichten, die aus der alten Heimat kommen. Und vielleicht noch Politiker im Fernsehen, die gegen Ausländer Stimmung machen.

Ich selbst habe nicht deshalb so rasch Deutsch gelernt und Freunde gefunden und mich integriert, weil mich die Angst abgeschoben zu werden angetrieben hätte, sondern weil ich Menschen um mich hatte, die mir Mut zugesprochen haben. Die mich für jedes neue Wort gelobt, die mir das Gefühl gegeben haben, wertvoll zu sein. Ich denke da nur an Peters Satz:

»Danke, dass du da bist.«

Und ich denke an Menschen, die mich nicht persönlich kennen, die auch ich nicht kenne, und die mir so rührende Nachrichten schickten, nachdem sie den Beitrag im ORF über mich gesehen hatten. Sätze wie:

Omar, ich finde beeindruckend, was du machst. // Ich wünsche dir alles Gute. Gott möge dich beschützen. // Wenn du einmal in Linz bist, hast du ein Haus, das dich willkommen heißt.

Denke ich daran zurück, denke ich automatisch auch an die Worte meines Großvaters:

Ein Wort kann einen Menschen töten. Aber ein Wort kann einen Menschen auch lebendig machen.

So habe ich es letztlich geschafft. Mit Liebe. Und nicht, weil ich den Worten von Politikern in einer ihrer Reden gefolgt bin: *Du musst dies, du musst das. Du darfst dieses nicht, du darfst jenes auch nicht.* Nein, ich habe es geschafft, weil ich dieses Land von Anfang an liebte. Weil Menschen um mich herum waren, die einfache Dinge für mich taten, die mir jedoch enorm viel bedeuteten.

Ich denke da nur an Alenas Vater. Seine Achtsamkeit und sein Respekt mir und meiner Herkunft gegenüber, wenn er zu Weihnachten selbstverständlich einen zweiten Fonduetopf aufstellt, in den dann kein Schweinefleisch reindarf. Oder wenn er nach dem Essen Tee aufstellt und ihn in Gläsern serviert, die er eigens in Marokko gekauft hat, und ihn auch nach Art der Araber einschenkt. Von weit oben, damit es schön schäumt. Oder der zu Ostern niemals vergisst, für mich ein geräuchertes Lamm vorzubereiten.

Und ich denke da auch an Alenas Großeltern. Sie sind alles andere als Freunde von Zuwanderung. Alena hatte deshalb auch Angst, mich ihnen vorzustellen. Trotzdem hat ihre Oma es sich zur Aufgabe gemacht, mir die österreichische Küche näherzubringen, mich für sie zu gewinnen (was jedoch bei totalem Verzicht auf Schwein gar nicht so einfach ist). Weiß sie, dass wir kommen, steht sie oft schon Tage vorher in einer Buchhandlung und sucht zum Beispiel nach Rezepten, in denen die Krautrouladen nicht in Speck gewickelt werden. Und wenn Alena und ich dann an den Esstisch treten, steht dort bereits ein kleines Menükärtchen, auf dem alles erklärt wird. Ebenso rührend ihr Mann, Alenas Opa also, der nicht müde wird, mich immer zu den Spielen von

Sturm Graz mitzunehmen und als Fan in den *einzig wahren Fußballclub* integrieren zu wollen.

Und natürlich nicht zu vergessen Josua. Aus meinen Anfängen in Österreich. Auch er hat immer an mich geglaubt, hat mit mir soziale Projekte geplant und durchgeführt und mich so zu einem kleinen Teil eines großen Ganzen gemacht.

Dank all dieser Menschen habe ich es geschafft. Und nicht durch den Motor Angst. Angst ist niemals ein guter Ratgeber. Angst, nicht dazugehören zu dürfen, führt bloß dazu, dass die Menschen sich zurückziehen. Und dass sie leicht empfänglich sind für solche, die mit anderen Werten daherkommen. Gerade junge Menschen sind gefährdet, unter den Einfluss von Radikalen zu geraten. Vor allem dann, wenn sie sich selbst ausgegrenzt fühlen. Die Gefahr, dass sie abgleiten und kriminell werden, ist hoch. Und Ausgrenzung ist eine Spirale, die sich mit jeder Umdrehung immer schneller dreht und alles mit sich reißt, was nicht felsenfest verankert ist. Wie eine Schlammlawine, die über einen Acker mit frisch gesetzten Pflanzen braust.

Gerade minderjährige Flüchtlinge trifft die endlos lange Zeit des Wartens und Nichtstuns ganz besonders hart. Wie schön wäre es, könnten sie in Familien

Aufnahme finden. So hätten sie in dieser wichtigen Zeit der Pubertät Ansprache von Menschen, die ihnen Kultur und Werte ihrer künftigen Heimat näherbringen. Sie hätten echte Vorbilder, an denen sie sich orientieren könnten. Und sie könnten, sollten ihre Familien eines Tages auch nach Österreich kommen, schon als *Experten* auftreten, die Bescheid wissen. Die die Sprache kennen und die Regeln und sie weitergeben können. Bestimmt ein Gewinn für das stark belastete System im Land.

Natürlich bin ich mir bewusst: Die Herausforderungen sind nicht nur für Flüchtlinge groß. Nein, auch für Österreich und seine Bevölkerung bedeutet es eine enorme Anstrengung, so vielen Menschen ein neues Zuhause zu geben. Umso schöner ist es, dass es so wunderbare Menschen gibt, wie ich sie kennenlernen durfte. Sie stehen fast nie im Rampenlicht, wollen das auch gar nicht, und unterscheiden sich darin so sehr von den aufgeregten Gesichtern in Fernsehen und Zeitung, die behaupten, allein die Wahrheit zu besitzen. Diese Zigtausenden, die im Stillen helfen, die es schätzen, wenn Flüchtlinge wie ich einen Schritt auf sie zugehen und selber auch einen Schritt tun, damit man sich irgendwo in der Mitte trifft. Dort, wo fremde Kulturen einander nicht wie Feinde gegenüberstehen, sondern wie Freunde, die voneinander lernen können und wollen. Diese zigtausenden Österreicherinnen und Österreicher sind für mich die echten Helden der Integration.

Ich selbst hatte das große Glück, es zu schaffen. Aus eigener Kraft. Und durch die Hilfe vieler liebenswerter Menschen, die mir die Chance gegeben haben zu zeigen, wer ich bin, und die nicht aufgehört haben, an mich zu glauben.

Dafür ihnen allen noch einmal ein riesengroßes

DANKE